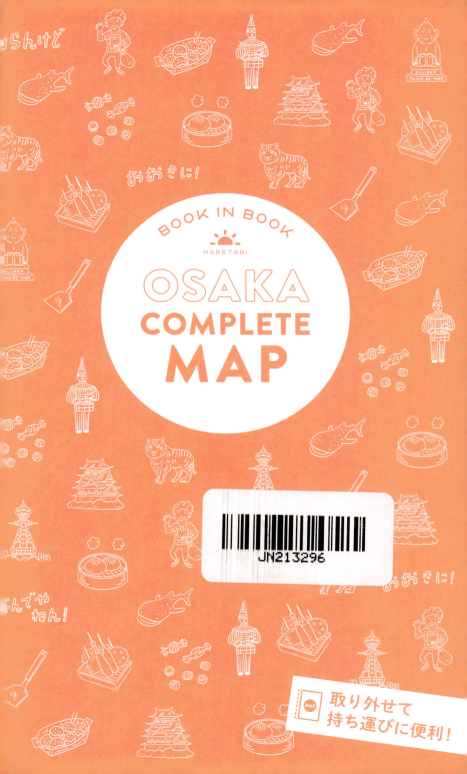

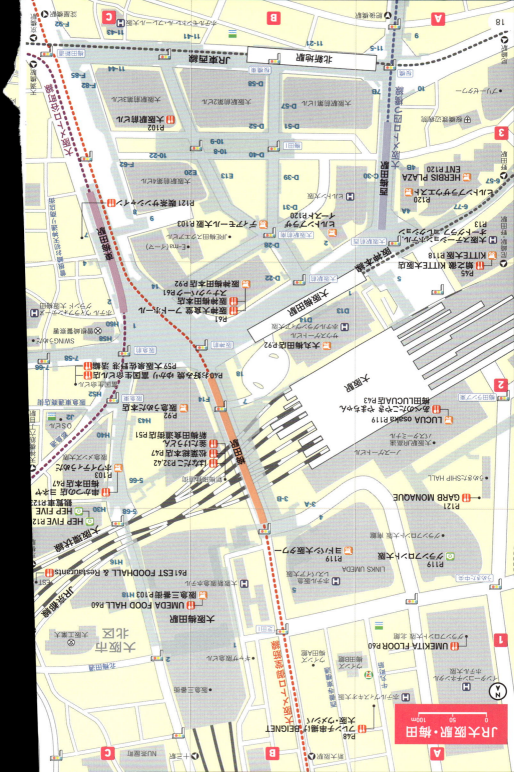

旅が最高のハレになる
大阪
OSAKA

本書をご利用になる前に

【データの見方】
- 🏠 住所
- ☎ 電話番号
- ⏰ 営業時間 ※飲食店は開店〜閉店時間（LOはラストオーダーの時間）を記載しています。施設は最終入館時間の表示がある場合もあります。原則として通常営業時の情報を記載しています。
- 休 祝日、年末年始などを除く定休日
- ¥ 大人の入場料、施設利用料
- 交 最寄り駅や最寄りICなどからの所要時間
- P 駐車場の有無 ※有料の場合は（有料）と表記しています
- 料金 宿泊料金
- IN チェックイン時間　OUT チェックアウト時間
- ▶MAP 別冊地図上での位置を表示

【ご注意】
本書に掲載したデータは2025年1〜2月現在のものです。内容が変更される場合がありますので、事前にご確認ください。祝日や年末年始の場合など、営業時間や休み等の紹介内容が大きく異なる場合があります。時間や休みは原則として、通常の営業時間・定休日を記載しています。料金は、基本的に取材時点での税率をもとにした消費税込みの料金を記載しています。消費税別の場合は（税別）と表記しています。ホテル料金は2名1室利用の場合の1名あたりの最低料金を記載していますが、サービス料などは各ホテルにより異なります。本書に掲載された内容による損害等は弊社では補償しかねますので、あらかじめご了承ください。

CONTENTS
大阪でしたい90のこと

取り外せる詳細MAPも！

☑ やったことにCheck!

BEST PLAN

- ☐ 01 夢を叶えるエリアをリサーチ …………4
- ☐ 02 王道1泊2日モデルコースで大阪を200％楽しむ …………6
- ☐ 03 号外！大阪・関西万博の楽しみ方 …………8
- ☐ 04 HARETABI NEWSPAPER …………12
- ☐ 05 大阪「4つ」の事件簿 …………14

HIGHLIGHT

- ☐ 01 ユニバーサル・スタジオ・ジャパンを遊びつくす！ …………16
- ☐ 02 通天閣を徹底調査 …………28
- ☐ 03 令和版道頓堀看板コレクション …………30
- ☐ 04 ビジュアルそそる大阪グルメ6選 …………32
- ☐ 05 てっぺん回っても食べたい大阪グルメ …………34
- ☐ 06 グラングリーン大阪はマストでGO！ …………36

SHOPPING

- ☐ 14 おしゃれに飲むなら福島で決まり！ …………64
- ☐ 15 大阪新定番の飲み歩きスポット「裏なんば」 …………66
- ☐ 16 とっておきの朝ごはん …………68
- ☐ 17 純喫茶の世界へ没入 …………70
- ☐ 18 最旬カフェに注目！ …………72
- ☐ 19 テラスカフェがいい感じ …………74
- ☐ 20 大阪おもしろスイーツ …………76

- ☐ 01 ワンランク上のトレンドみやげ …………78
- ☐ 02 愛され銘菓大集合 …………80
- ☐ 03 大阪のかわいくて甘いもん …………82
- ☐ 04 ごはんのおとも大集合！ …………84
- ☐ 05 おもしろみやげで笑顔にさせてこ！ …………86
- ☐ 06 ハイセンス雑貨にひとめぼれ …………88
- ☐ 07 堀江でおしゃれショップハント …………90
- ☐ 08 三大百貨店in梅田のデパ地下へ！ …………92

EAT

- ☐ 01 マストで食べたい定番お好み焼き …………38
- ☐ 02 "進化形お好み焼き"はココが違う！ …………40
- ☐ 03 王道たこ焼きコレクション …………42
- ☐ 04 思わずときめくトレンドたこ焼き …………44
- ☐ 05 揚げたての串カツをほおばろう！ …………46
- ☐ 06 次世代串カツに胸キュン♡ …………48
- ☐ 07 激戦区！大阪で食べたい絶品うどん …………50
- ☐ 08 大阪スパイスカレーの名店を巡ろう！ …………52
- ☐ 09 焼肉の聖地"鶴橋"で食べたいお得ランチ …………54
- ☐ 10 大阪の老舗名物洋食 …………56
- ☐ 11 大阪産（もん）の食材は実力派揃い …………58
- ☐ 12 大阪"駅近"フードホールへ行こう！ …………60
- ☐ 13 天満（てんま）でワイワイ！はしご酒 …………62

TOURISM

- ☐ 01 大阪城天守閣で見たい5つのもの …………94
- ☐ 02 大阪城公園でしたい4つのコト …………96
- ☐ 03 海遊館＆大阪ベイエリアを楽しみつくす！ …………98
- ☐ 04 ナニワの凱旋門 梅田スカイビルへのぼろう！ …………100
- ☐ 05 梅田ダンジョンさんぽ＆ごはん …………102
- ☐ 06 あべのハルカスで空中さんぽ …………104
- ☐ 07 ココが笑いの殿堂！「なんばグランド花月」に行っとこ！ …………106
- ☐ 08 水の都・大阪を巡るアーバンクルーズ …………108
- ☐ 09 中之島でアートなおさんぽ …………110
- ☐ 10 大阪を120％楽しむホテル3選 …………112
- ☐ 11 上方伝統芸能にホレボレ♡ …………114

TOWN

梅田
- □ 01 日本最大級のショッピングゾーンへ … 118
- □ 02 買い物の途中に休憩したい居心地◎な くつろぎカフェ … 121
- □ 03 大阪の人気店や話題店が集結！ 昼飲みに行きたい「バルチカ03」 … 122
- □ 04 気軽に立ち寄れるのがうれしい ガード下のグルメストリート … 123
- □ 05 梅田の夜景にホレボレ HEP FIVEの観覧車 … 123

中崎町
- □ 01 ノスタルジックな街で食と買い物を満喫 124

天神橋筋商店街
- □ 01 日本最長クラスの商店街をブラブラ♪ … 126
- □ 02「天神祭」で有名な大阪天満宮を お詣りしよう … 127
- □ 03 商店街の人気グルメもチェック！ … 127
- □ 04 気分は大阪のおばちゃん！？ 賑やかな市場をのぞいてみよう！ … 127

淀屋橋・北浜
- □ 01 ビジネス街に溶け込むレトロ建築に 触れよう … 128
- □ 02 名建築やリバービューのランチ＆ カフェもチェック … 129

心斎橋・アメリカ村
- □ 01 いつも賑やかな心斎橋筋商店街を "心ブラ" … 130
- □ 02 フードホールもすごい！ 大丸心斎橋店＆心斎橋パルコ … 130
- □ 03 若者のトレンド発信地「西の原宿」 アメリカ村へ … 131
- □ 04 遊べるスポットも盛りだくさんな 心斎橋BIG STEPへ行こう！ … 131

道頓堀
- □ 01 たくさんの人で賑わう戎橋からスタート！ ‥ 132
- □ 02 大阪名物たこ焼きの体験型 テーマパークへ！ … 132
- □ 03 道頓堀から1周15分の空中遊泳！ 世界初の長円形観覧車に乗ろう！ … 133
- □ 04 道頓堀に来たなら食べたい！ 名物グルメ3選 … 133

なんば
- □ 01 ミナミを代表する老舗デパートで 大阪グルメを満喫！ … 134
- □ 02 インパクト絶大な神社＆法善寺の 「水かけ不動」へ … 135
- □ 03 老舗が集まるなんばの逸品グルメも 食べたい！ … 135

新世界
- □ 01 通天閣をバックに映える写真を撮ろう！ 136
- □ 02 18歳未満は入場禁止！ 大人の楽しみ 「スマートボール」 … 136
- □ 03 世界のお風呂が楽しめる新世界の 癒やしスポット … 137
- □ 04 新世界をぐるりと回る話題の人力車！ ‥ 137

天王寺
- □ 01 あべのハルカスでアート鑑賞＆ 日本最大級の百貨店へ行こう！ … 138
- □ 02 かわいい動物＆広々芝生でリラックス！ 139
- □ 03 聖徳太子とも縁の深い日本仏法 最初の官寺へ … 139

鶴橋
- □ 01 鶴橋2大商店街を散策！ … 140
- □ 02 目移り必至！ ショッピングを思いっきり 楽しむ … 140
- □ 03 本格韓国グルメでエアトリップ … 141

SHORT TRIP

万博記念公園
- □ 01 あこがれの太陽の塔を見ながらピクニック 142
- □ 02 さまざまなエンターテインメントに 出合う遊びスポット … 143

箕面
- □ 01 壮大な大滝を目指す滝道散歩で リフレッシュ … 144
- □ 02 自然の中で学ぶ箕面の歴史と世界 … 145
- □ 03 箕面に来たなら食べておきたい！ … 145

堺
- □ 01 日本を代表する百舌鳥古墳群を巡る‥ 146
- □ 02 堺ゆかりのアートに注目 休憩も忘れずに♪ 147

読めば快晴 ハレ旅STUDY
- わざわざ行きたい大阪の祭・イベント … 116
- まったく読めない！読めるけど何か違う？大阪の地名を知ろう 148
- ハレ旅Info … 150
- INDEX … 158

\ スマホやPCで！/
ハレ旅 大阪
電子版が無料！
無料アプリ honto で今すぐダウンロード
詳しくは⇒P.160

購入者限定 FREE

BEST PLAN 01

どこでなにができるの？
夢を叶えるエリアをリサーチ

大阪は大都会でありつつも歴史や自然を感じるエリアも近く、見どころが多い街。それぞれのエリアに特色があり、全てを網羅するのは至難の業。事前にリサーチして効率よく回ろう。

OSAKA MAP

市内の観光は電車が基本。路線図を見れば場所の把握がしやすい！

タウン別バロメータ

これを見れば何がイチオシか早分かり！エリアの特性をつかもう。

- 🎵 遊ぶ
- 🛒 買う
- 🍴 食べる
- ✨ 磨く
- 📷 観光する

大阪で押さえるべき キホン

キホン①
二大繁華街はキタの梅田とミナミのなんば・心斎橋

ざっくりいうと梅田は都会的、なんば・心斎橋はコテコテの大阪。

キホン②
地下鉄の御堂筋線が移動のかなめ

御堂筋線はキタからミナミへの移動には欠かせない。

＼大阪でよく見る＆聞く／
この地名も知っとこ！

北新地（きたしんち）	ラグジュアリーな雰囲気の繁華街
中之島（なかのしま）	美術館や博物館が並ぶアートな街
京橋（きょうばし）	仕事帰りの人が多い飲み屋街
本町（ほんまち）	下町情緒がのこるビジネス街
上本町（うえほんまち）	文化的で情緒豊かな繁華街
日本橋（にっぽんばし）	サブカルチャーが集う電気街
阿部野（あべの）	超高層ビルを眺めるディープな下町

キタエリア最大の繁華街
Ⓐ 梅田（うめだ）
→P.118

大阪市内の北側に位置する繁華街。大阪最大の巨大ターミナルであるJR大阪駅を中心に緑豊かな都市型公園や最新のトレンドショップ、レストランが集まる。地下街が広がり、駅や周辺ビルに直結しているので観光やショッピングに便利。

梅田のランドマーク、HEPFIVEの赤い観覧車

洗練されたオフィス街
Ⓑ 淀屋橋・北浜（よどやばし・きたはま）
→P.128

様々なオフィスが立ち並び大人な雰囲気だが、レトロな建築も多く観光するのも楽しい。

土日休みの店舗もあり、事前確認が必要

最先端が揃う若者の街
Ⓒ 心斎橋・アメリカ村（しんさいばし・あめりかむら）
→P.130

トレンドの発信地で「西の原宿」とも呼ばれる。最新ショップも多く、いつ訪れても賑やかで楽しい。

ストリート文化を感じる街並み

ユニバーサル・スタジオ・ジャパン →P.16

大阪・関西万博会場 →P.8

夢洲
コスモスクエア

ド派手なナニワの歓楽街
Ⓓ 道頓堀（どうとんぼり）
→P.132

一度は訪れたい道頓堀はベタでコテコテな大阪のイメージ通りの街。有名な看板や大阪名物が揃い、一日中でも遊んでいられる。夜にはネオンが輝き、昼とは違った魅力がある。

NANDEYA NEN!

看板と記念撮影しよう

4

知っ得 大阪の基礎知識

🚄 東京から	新幹線で約2時間30分(→P.150)	🚇 主な交通手段	地下鉄、電車、バス、自転車
🚄 名古屋から	新幹線で約50分(→P.150)	💬 言語	大阪弁
		📷 観光	賑やかで情緒ある街並みが魅力

オシャレなカフェを巡りたい
J 中崎町
→P.124

梅田から徒歩で行くこともできる中崎町は小さなカフェやショップが集まるオシャレなエリア。

カフェタイムには行列ができることも

ながーい商店街でショッピング
I 天神橋筋商店街
→P.126

全長約2.6kmの長い商店街。大阪みやげやグルメが揃い、端から端まで歩くと40分以上はかかる。

個性的な看板や提灯にも注目

異国情緒漂うエリア
H 鶴橋
→P.140

春節は休みの店舗もあるので注意

日本最大級のコリアタウンは食べ歩きにショッピングに大満足！日本とは思えない雰囲気が楽しい。

郊外へ
ショートトリップ

電車に乗ればすぐに郊外に行けるのも魅力。都心にはない観光名所も多い。

万博記念公園
→P.142

箕面
→P.144

堺
→P.146

自然豊かなロケーションの箕面

パワフルさがザ・大阪！
E なんば
→P.134

なんでも揃うミナミの繁華街。大阪名物の粉もんグルメや大阪みやげなどの店が軒を連ねる。漢字は「難波」だがひらがな表記が多い。

裏なんばのネオンもすてき

情緒あふれるディープな下町
F 新世界
→P.136

通天閣に名物の串カツにド派手な看板。コテコテのディープな大阪を楽しむならここで決まり！

通天閣を背景に写真撮影をしよう

高層ビルと自然が調和
G 天王寺
→P.138

高層ビルからの眺めは最高

高層ビルのすぐ近くには動物園や広い公園があり、都会に自然が合わさった独特の雰囲気が魅力。

各エリアへの移動は地下鉄とJR環状線が基本。交通系ICカードの準備を忘れずに！

BEST PLAN 02

王道1泊2日モデルコースで
大阪を200%楽しむ

1日目

1日目はコテコテのザ・大阪を巡ろう。お好み焼きランチに通天閣やお笑いも外せない。夜までたっぷりと大阪を楽しもう。

撮れ高バツグン！大阪の名所を満喫

AM

10:00 新大阪駅
約30分

10:30 ①道頓堀
→P.132
<所要約1時間30分>

すぐ

12:00 ②なんば
→P.134
<所要約1時間>

おかる
→P.38

約15分

PM

1:00 ③大阪城公園
→P.96
<所要約2時間>

約15分

4:00 ④新世界
→P.136
<所要時間2時間45分>

通天閣
→P.28

八重勝
→P.46

約5分

7:00 ⑤なんばグランド花月
→P.106
<所要約2時間>

約25分

10:00 ⑥天満
→P.62
<所要約1時間>

アネロスタンド
→P.62

SIGHTSEEING
①道頓堀で名物看板と写真を撮ろう

一度は訪れたい道頓堀。賑やかな看板が並び、記念撮影にぴったり。

夜にはより華やかな雰囲気に

おかるのお好み焼き
スペシャル1500円

LUNCH
②お好み焼きランチ

定番からユニークなものまで、お好み焼き店がズラリ。アツアツを頬張ろう。

POINT
散策はスニーカーで
徒歩での移動が多いので足元は履き慣れたスニーカーがおすすめ。

SIGHTSEEING
③大阪城公園をぶらり

マストで訪れたい大阪城。公園内は広いので時間の余裕を持って。

ソースは二度漬け厳禁！

国産素材にこだわった串カツはサクサクとして何本でも食べられそう！

SIGHTSEEING / DINNER
④新世界で通天閣&串カツを堪能

シンボルマークの通天閣からの眺めは最高！観光の後は名物の串カツ屋を訪れてみて。

MIDNIGHT
⑥天満で夜ふかしを楽しむ

最後は天満のバルや居酒屋ではしご酒。ほろ酔い気分で夜を締めくくろう。

SIGHTSEEING
⑤なんばグランド花月でお笑いナイト

朝から夜まで公演を行っており、一日中お笑いを楽しむことができる。2時間ほどの公演がおすすめ。

定番からディープな大阪まで楽しむなら最低でも1泊2日は必要。USJに行きたいならもう1日あると安心！

大阪のめぐり方

大阪市内の移動の基本は電車と徒歩。主要観光地を回るならお得な一日乗車券などを利用して賢く回ろう。一駅くらいなら歩いて移動するのも楽しくておすすめ。

ゆるっとおさんぽ気分で
アート＆ショッピング

アートや異文化に触れられるのも大阪の魅力のひとつ。ゆったりさんぽをして、最後にはショッピングも楽しもう。

ART
①中之島でアート鑑賞
中之島はアートの集まる街。美術館や中央公会堂、図書館などに徒歩で訪れることができるので、さんぽがてら訪れてみよう。

LUNCH
②鶴橋で韓国気分＆焼肉ランチ
韓国の飲食店や雑貨店が立ち並ぶ鶴橋。異国情緒を楽しんだあとは本場の味を堪能して。

店内は韓国の地下鉄をイメージしていて楽しい

SIGHTSEEING
③グラングリーン大阪でのんびりブレイク
大阪の巨大ターミナル前に現れた緑いっぱいの公園は眺めるだけでも癒される。人ごみに疲れたときやショッピングの合間に訪れてみて。

SHOPPING
④うめだでショッピング＆大阪みやげ探し
大阪みやげやトレンドスイーツが集まる駅ビルでショッピングを楽しんで。旅の最後に訪れてまとめ買いするのがおすすめ。

2日目

AM
10:00 ①中之島美術館
→P.110
〈所要約2時間〉

 約30分

12:30 ②鶴橋
→P.140
〈所要約1時間30分〉
- 焼肉 白雲台 鶴橋駅前店 →P.54
- デチョルはペゴパ →P.141
- 鶴橋商店街 →P.140

約15分

PM
2:30 ③グラングリーン大阪
→P.36
〈所要約1時間30分〉

 すぐ

4:00 ④梅田
→P.118
〈所要約2時間〉
- グランフロント大阪 →P.119

＋1DAY あるなら…？
2日目はまるごとユニバーサル・スタジオ・ジャパンを楽しむ！

せっかく大阪に行くなら人気のUSJはぜひ行ってみたい。定番のショーやライドから注目の新エリアまで、一日で思いっきり遊び尽くそう！

© Nintendo
Minions TM & © Universal Studios.
TM & © Universal Studios & Amblin Entertainment

POINT
待ち時間を短縮して効率よく回りたい人は有料のエクスプレス・パスもあるので要チェック。
→P.16

人気の観光地付近は人が多すぎてランチで長時間待ちになる可能性も。事前のリサーチがおすすめ！

ハレ旅
OSAKA

号外

HARETABI NEWSPAPER
大阪・関西万博の楽しみ方

2025年4月13日(日)から10月13日(月)まで大阪府の夢洲(ゆめしま)で開催される「大阪・関西万博」。万博を楽しむためのポイントや注目パビリオンなどをご紹介！

会場内を見渡せる大阪・関西万博会場のシンボル「大屋根リング」

提供：2025年日本国際博覧会協会

開催期間

開催期間	2025年4月13日(日)〜10月13日(月)
開催時間	9:00〜22:00
会場	夢洲(ゆめしま)
テーマ	いのち輝く未来社会のデザイン
正式名称	2025年日本国際博覧会 EXPO 2025 OSAKA,KANSAI,JAPAN

夢洲 ▶MAP 別P.2 A-2

万博とは

世界各国が参加し、最先端の技術や芸術などを展示する国際的な博覧会。日本では1970年に「大阪万博」、2005年に愛知県で「愛・地球博」が開催され、今回が3度目の開催となる。

提供：公益社団法人２０２５年日本国際博覧会協会、株式会社大林組、撮影：株式会社伸和

公式キャラクター

万博では開催の際にテーマが設けられ、それに沿ったキャラクターが制作される。グッズなどの販売もあり、万博を盛り上げる。

ミャクミャク
細胞と水が合わさった生き物。色々な形に姿を変えることができる。

©Expo 2025

閉会後はどうなるの？ アフター万博

大阪府は大阪・関西万博開催の跡地について民間業者から一般公募を募った。公園やスポーツスタジアムなどの案が出ていて、今後の動向が見逃せない！

ACCESS

万博の会場となる夢洲（ゆめしま）は大阪市の西側で、大阪湾に面する。万博会場への自家用車などの乗り入れはできないので、車で向かう場合は、万博P&R（パークアンドライド）駐車場に駐車し、P&Rシャトルバスで会場へ行こう。

電車でのアクセス　Osaka Metro　所要約30分

大阪 → 徒歩 → 梅田 → Osaka Metro → 本町 → Osaka Metro → 大阪・関西万博東ゲート → 夢洲会場

駅シャトルバスでのアクセス　所要約15～50分

桜島／新大阪／大阪（北：うめきた）／大阪（南：マルビル）／中之島／尼崎／上本町／天王寺／難波／堺・堺東 → 夢洲 → 大阪・関西万博西ゲート → 夢洲会場

※桜島駅シャトルバス以外は事前予約制
※桜島駅シャトルバスは朝の混雑時間帯（午前8時～10時台）は事前決済した場合に優先乗車可

クルマでのアクセス　P&Rシャトルバス運行（事前予約制・有料）

尼崎万博P&R駐車場	所要約30分
舞洲万博P&R駐車場	所要約15分
堺万博P&R駐車場	所要約35分

→ 大阪・関西万博西ゲート → 夢洲会場

※上記のほか、空港バスや高速バス、自転車、船舶等でもアクセス可能。
詳しくは「**万博交通インフォメーション**」へ。

万博交通インフォメーション

万博を楽しむ 3つのポイント

1 パビリオン
万博の華とも言われるパビリオン。それぞれメインテーマ「いのち輝く未来社会のデザイン」に沿った展示を実施する。

2 未来の技術
万博会場を未来社会のショーケースとして、最先端の技術やシステムを導入。会場の至る所で少し先の未来社会を体験できる。

3 エンターテインメント
会期中は万博に参加する国・地域、国際機関が催しを行うほか、毎日日没後に音響や照明を駆使した壮大なショーを実施予定。

TICKET

チケットはさまざまな種類があり、いつ訪れるか、何回訪れるかなどで変わる。また3歳以下の幼児は無料で入場できる。お得な前売り券などの情報については公式サイトを確認しよう。

	一日券	平日券	夜間券
大人（満18歳以上）	7500円	6000円	3700円
中人（満12歳以上17歳以下）	4200円	3500円	2000円
小人（満4歳以上11歳以下）	1800円	1500円	1000円

※年齢は2025年4月1日現在

●リピーターにはお得なパスも！
通期パスは来場前に最大3回の来場日時予約ができる。1回の来場後、次（4回目）の来場予約が可能。

	通期パス	夏パス
大人	3万円	1万2000円
中人	1万7000円	7000円
小人	7000円	3000円

※チケットは公式サイト、コンビニや旅行会社で購入可能

大阪・関西万博 全景図

EVバス
最先端技術を搭載したEV（電気）バス。来場者は実際に乗ることができ、万博会場内外のルート走行を楽しめる。

国内・民間パビリオン等
国や自治体、日本を代表する企業などがそれぞれ趣向を凝らし、個性を活かした展示をする。

海外パビリオン
158の国・地域、7国際機関が参加する海外パビリオン。タイプAのパビリオンは、各国が建設から携わっているのが最大の特徴。
※2025年2月13日現在

静けさの森
全周約2kmの大屋根リングの中心に位置するエリア。約1500本の樹木が配され、来場者は自由に散策したり休憩したりできる。

シグネチャーパビリオン
8人のプロデューサーが主導するパビリオン。「いのち」について考える場所となるようにさまざまな展示やイベントを行う。

EXPOホール
客席と舞台が一体となった円形の劇場。ここでイベントや開会式、閉会式などを行う。「太陽の塔」を連想させる力強い姿が特徴。

提供：2025年日本国際博覧会協会
画像はイメージ。実際の会場とは配置・建物形状が一部異なる場合あり。また、本画像の無断転載・複製は一切不可。

大阪・関西万博では原則として大型荷物の持ち込みを禁止しているので注意して。

HARETABI NEWSPAPER 号外 大阪・関西万博の楽しみ方

PAVILION

パビリオンをご紹介！

さまざまな国と地域、企業などが参加するパビリオン。最新鋭の技術や文化など、個性を活かした展示は見ているだけでわくわくすること間違いなし！

シグネチャーパビリオン

万博会場の中心に位置し、8人のプロデューサーがそれぞれのパビリオンで個性豊かに「いのち」についての学びの場を提供する。

©steAm Inc. & Tetsuo Kobori Architects All Rights Reserved

いのちと創造性を育む"遊び"
いのちの遊び場 クラゲ館
世界とつながり、学びや遊びや創るや「生きる」の大変革を起こしていく。希望に満ちたインクルーシブな未来「共創」（創造性の民主化）社会を模索する。
（中島 さち子プロデューサー）

©SANAA

森と溶け合う開放的な空間で学ぶ
Better Co-Being
屋根も壁もないパビリオン。季節や天候、時間帯によって変わる自然と、訪れた人々が響き合いながら、ともに未来に向かう場となることを目指す。
（宮田 裕章プロデューサー）

©EARTH MART／EXPO2025

限りある「いのち」に食から向き合う
EARTH MART
地球という限られた資源の中で世界中の人々と「食を共にすること」の喜び、尊さ、そして感謝の心を共有する。
（小山 薫堂プロデューサー）

国内パビリオン

日本館をはじめ地元関西や大阪、女性についてテーマにした4つのパビリオンを展開する。

「循環」を3つのエリアで表現
日本館
「いのちと、いのちの、あいだに」をテーマに、万博会場で出た生ごみを利用したバイオガス発電や、日本の先端的な技術などを活用し、一つの循環を表現する。

提供：経済産業省

人々が平等に生きる社会を目指す
ウーマンズ パビリオン in collaboration with Cartier
「When women thrive, humanity thrives 〜ともに生き、ともに輝く未来へ〜」をコンセプトに、公平で持続可能な未来を来場者に呼びかける。

© Cartier

民間パビリオン

関西や日本を代表する13の企業が参加し、それぞれの強みを活かした個性豊かな展示を行う。

海をテーマにしたパビリオン
BLUE OCEAN DOME
海洋プラスチックごみによる海の汚染をゼロにする目標に向けて、来場者が楽しみながら環境保護の考え方を学べる。

©ZERI JAPAN

新しい外食のあり方を提案する
ORA外食パビリオン『〜宴〜UTAGE』
「熱量のある外食」を提案するために、5つのアクションである、おもてなし、食体験、新境地、賑わい、外食産業の発展を目指す。

提供：ORA Osaka Restaurant Management Association

海外パビリオン

158の国と地域、7の国際機関（※2025年2月13日現在）が参加する海外パビリオンは各国の文化や技術が集結。お目当てのパビリオンは事前にリサーチしておくのがおすすめ。

北欧館
北欧館では、北欧デザインとサステナビリティを体現している。

カナダ館 カナダパビリオン
コンセプトは『再生（Regeneration）』。カナダの温かさや開放性を表す。

アイルランド館
アイルランドパビリオンでは、日本に共通する豊かな工芸精神の伝統を反映している。

未来社会を体験しよう

万博会場を未来社会のショーケースに見立て、先進的な技術やシステムを取り入れる。2025年より先の未来を感じさせる次世代技術・社会の実現を目指す。

EVバス

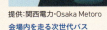

提供：関西電力・Osaka Metoro

会場内を走る次世代バス

一部走行中の給電や自動運転など最先端技術を搭載したEVバス。来場者は会場内外の重要な交通手段としてEVバスに乗車体験が可能。

空飛ぶクルマ

©SkyDrive

近未来を実現!? 空の移動革命

次世代の空の移動手段として期待されている「空飛ぶクルマ」。会場内と会場外をつなぐ2地点間の飛行と会場湾岸周辺エリアの飛行を行う。

自動翻訳システム

提供：2025年日本国際博覧会協会

「言葉の壁」をなくす技術の発展

世界各国の人と会話ができる無料の翻訳アプリや、シンポジウムなどでは登壇者の発表内容が自動同時通訳できるシステムがある。

公式ライセンス商品

せっかく万博に訪れたらぜひ買って帰りたいのが公式ライセンス商品。会場以外でも、大阪や名古屋などにあるオフィシャルストアで購入できる。

¥990
タオルハンカチ
細胞と水がひとつになったミャクミャクをドットで表現したタオルハンカチ。
©Expo 2025

¥2530
2025大阪・関西万博 ボールチェーンマスコットA
バッグなどにつけて、いつでもキュートなミャクミャクと一緒に!
©Expo 2025

¥648
大阪・関西万博 ミニゴーフル
食べやすいミニサイズのゴーフルを万博オリジナル缶に入れて販売。
©Expo 2025

まだある!
2025大阪・関西万博 公式ライセンス商品をチェック!

オフィシャルオンラインストア

EVENT イベントを楽しもう

会場では毎日のように楽しいイベントが開催される。気づきや学びを感じられることも醍醐味の一つ。

ナショナルデー・スペシャルデー

万博に参加する国・地域や国際機関が1日ずつナショナルデー（国・地域）またはスペシャルデー（国際機関）を開催する。文化に対する理解を深めることなどが目的。

提供：2025年日本国際博覧会協会

公式サイトのナショナルデー・スペシャルデーカレンダーに当日の開催国が記載されている。

ENJOY 本格的なエンターテインメント

水上ショーや会場内の施設を利用したプロジェクションマッピング、大小さまざまなステージで行う音楽や芸能の催事など、本格的なエンターテインメントが楽しめる。

万博史上最大級「水」と「空気」のスペクタクルショー

アオと夜の虹のパレード

ウォータープラザの水上に、面積約8800㎡の巨大な舞台が出現！壮大な水と空気のスペクタクルショーが会期中の毎日、日没後に上演。

提供：ダイキン工業・サントリーHD

光と音とテクノロジーの織りなすスペクタクルショー

One World, One Planet.

「願い」をテーマにリアルとデジタルで万博会場と世界中がつながる「地球共感覚セレモニー」。会期中184日間、リアルとバーチャルを融合したイベントを連続開催。

提供：2025年日本国際博覧会協会

HARETABI NEWSPAPER

大規模な公園の開発やリニューアルした文化施設、参拝ついでに立ち寄れる横丁に便利なホテルが新登場。進化が止まらない大阪の"今"をご紹介!

TOURISM

大阪のまちなかに続々オープン 芝生でくつろげる公園

大型ターミナルに巨大な公園登場

グラングリーン大阪
グラングリーンおおさか

梅田貨物駅跡地再開発の一環として「グラングリーン大阪」の一部が先行まちびらき。都心の駅前に広がる青々とした芝生は壮観!

南館 2025年3月 OPEN予定

公園は東京ドーム1個分とほぼ同じ大きさ
©Akira Ito.aifoto

🏠 大阪市北区大深町6-38
☎ 店舗により異なる ⊕ JR大阪駅うめきた地下口直結
梅田 ▶MAP 別 P.8 B-2

うめきた公園を眺められる新施設

うめきた グリーンプレイス

うめきた公園に隣接する地上3階建ての商業施設。大阪駅から2階へ歩行者デッキで行き来でき、利便性も抜群。

2025年3月 OPEN予定

1階にはテイクアウト可能な店があり便利

🏠 大阪市北区
梅田 ▶MAP 別 P.8 C-2

次世代の「都会の公園」

都会といえば高層ビルにたくさんの車や人のイメージが強いが、大阪は最近公園の建設ラッシュ。都会のオアシスにぜひ立ち寄ってみて。

2025年 3月28日 OPEN予定

公園一体型の商業施設「なノにわ」

歴史ある難波宮跡公園がアップデート

なノにわ
なのにわ

2050年の難波宮遷都1400年に向けた公園整備の一環として、自然を感じる公園一体型の飲食店舗等の施設が登場。

🏠 大阪市中央区馬場町3-65 ⊕ 地下鉄谷町四丁目駅9番出口から徒歩1分
大阪城 ▶MAP 別 P.5 E-3

TOURISM

リニューアルオープンした 文化施設に注目!

新しくなった大阪市立の科学館と美術館

大阪市が誇る文化施設がより気軽に、さらに深みを増して再登場。観光の合間に立ち寄りやすい立地なのもうれしい。

2024年 8月1日 RENEWAL

[1] 宇宙の展示フロアでは、月の姿や天体の重力などについて学べる [2] 気軽に休憩できるカフェが併設されている

大人も子どもも科学を楽しく学べる

大阪市立科学館
おおさかしりつかがくかん

日本で最も長い歴史を持つ科学館がリニューアル。体験展示がさらに充実し、気軽に科学を体験できる。

🏠 大阪市北区中之島4-2-1
☎ 06-6444-5656 ⊕ 9:30～17:00(最終入場16:30)
✉ 月曜※設備点検休館あり ¥600円 ⊕ 地下鉄肥後橋3号出口から徒歩10分
中之島 ▶MAP 別 P.10 B-2

2025年 3月1日 OPEN

[1] 外観は以前の趣のままに保存 [2] 中央ホールは創建時の装飾を活かした美しい空間
撮影:佐々木香輔

大規模改修を終えた「ひらかれた美術館」

大阪市立美術館
おおさかしりつびじゅつかん

堅苦しさを感じる人も多い美術館だが、改修後展覧会以外は無料ゾーンに。ぜひ気軽に立ち寄ってみて。

🏠 大阪市天王寺区茶臼山町1-82
☎ 06-6771-4874
⊕ 9:30～17:00(最終入館16:30)
✉ 月曜 ⊕ 地下鉄天王寺駅15・16号出口から徒歩10分
天王寺 ▶MAP 別 P.17 E-2

EAT 参拝ついでにさまざまなフードを堪能

横丁で多種多様なフードを楽しめる

住吉大社近くの住吉公園に飲食店が登場。カフェからがっつりした食事まで幅広く揃う。

2024年7月15日OPEN

天気のいい日は屋外で食事を楽しむのも◎

個性豊かな17店が店を構える
住吉公園汐かけ横丁
すみよしこうえんしおかけよこちょう

大阪で長い歴史を持つ公園「住吉公園」の一角に誕生した横丁。ふらっと立ち寄れる気軽さが魅力で、参拝帰りにぜひ訪れたい。

🏠 大阪市住之江区浜口東1-1-13
☎ 店舗により異なる 🚃 南海本線住吉大社駅西出口からすぐ

住吉公園 ▶ MAP 別 P.2 B-3

まずは参拝

「すみよっさん」の愛称で親しまれる大社
住吉大社
すみよしたいしゃ

全4棟の本殿は国宝造物に指定されている

全国に2300社ある住吉神社の総本社。関西屈指の初詣スポットとして愛されている。

汐かけ横丁内SHOP

病院がプロデュースする健康カフェ
めばえキッチン

体にいい食事とお酒を提供するバル。調味料からこだわったおいしい食事を楽しめる。

🕐 11:00〜19:30(LO19:00) 休 水曜

カレーのライスは十六穀米を使用

難波で愛される名店が住吉に
喫茶ビクトリヤ
きっさビクトリヤ

創業から60年以上愛されてきたレトロ喫茶。名物のナポリタンや本格コーヒーが楽しめる。

🕐 10:00〜18:00(LO17:00) 休 水曜 ※一部不定休あり公式インスタグラムで要確認

ナポリタンには温泉たまご付き！

横丁一の広さを誇る和カフェ
お団子カフェ 兎茶や
おだんごカフェ うさぎちゃや

「串はらい団子セルフ焼きセット」が人気。

🕐 10:00〜19:00(水曜は〜18:00、土・日曜、祝日は〜20:00、LOは各閉店時間の1時間前) 休 無休

焼きたてのお団子はパリッとふっくら

🏠 大阪市住吉区住吉2-9-89 ☎ 06-6672-0753 🕐 6:00〜17:00(10〜3月は6:30〜) 🎌 境内自由 休 無休 🚃 南海本線住吉大社駅西出口から徒歩3分

住吉公園 ▶ MAP 別 P.2 B-3

STAY 駅チカで便利 梅田はホテルラッシュ

たっぷり遊んでもすぐに帰れるホテル

大阪駅周辺(梅田)は続々とホテルが建設中。駅に近いのが特徴で、快適ステイが叶う。

2025年3月21日OPEN

都市の中で自然と安らぎを感じられる

大人が楽しめる居心地のよい空間
ホテル阪急グランレスパイア大阪
ホテルはんきゅうグランレスパイアおおさか

「グラングリーン大阪」内にあるホテル。大きな窓が特徴で、開放的な空間は自然体でゆったりとくつろぐことができる。

🏠 大阪市北区大深町5-54 グラングリーン大阪 南館 ☎ 06-6372-8506
室数 482室 🚃 JR大阪駅うめきた地下出口から徒歩4分

梅田 ▶ MAP 別 P.8 B-2
料金 1泊素泊まり1室1万2500円〜
IN 15:00 OUT 12:00

2024年7月31日OPEN

夜にはきらびやかな夜景も楽しめる

JR大阪駅西口直結でアクセス抜群
大阪ステーションホテル, オートグラフ コレクション
おおさかステーションホテル, オートグラフ コレクション

客室はすべて30階以上にあり、窓からの眺望は格別。

🏠 大阪市北区梅田3-2-2 ☎ 06-6105-1874 室数 418室 🚃 JR大阪駅西口直結

梅田 ▶ MAP 別 P.18 A-3
料金 1泊朝食付き1室4万5000円〜
IN 15:00 OUT 12:00

2024年9月6日OPEN

インテリアにもこだわったオシャレな室内

大阪文化が息づくスタイリッシュなホテル
キャノピーbyヒルトン大阪梅田
キャノピーバイヒルトンおおさかうめだ

「グラングリーン大阪」北館内に位置する。大阪の地域文化を取り入れたモダンな客室がすてき。

🏠 大阪市北区大深町6-38 グラングリーン大阪 北館 ☎ 06-7658-5300
室数 308室 🚃 JR大阪駅うめきた地下口から徒歩7分

梅田 ▶ MAP 別 P.8 C-1
料金 1泊素泊まり1室5万600円〜
IN 15:00 OUT 11:00

HOW TO
大阪「4つ」の事件簿

独特なエリアの呼び名や地下街の迷子問題など。大阪ならではのトラブルは解決策を予習して備えておこう。

🔍 事件ファイル ①

**大阪駅≒梅田駅ってどういうこと！？
さらに"ほぼ梅田駅"は全部で4つもある？**

新大阪駅と大阪駅が違うのは知っているけれど…よく耳にする「梅田」ってどこ？駅がたくさんあって、どこがどこだかわからない！

🟥 解決！

**街の呼び名は「梅田」
JRの駅名は「大阪駅」と覚えておこう**

JR大阪駅周辺の街のことを「梅田」と呼ぶ。阪急と阪神では「梅田駅」、地下鉄では「西梅田」「東梅田」がある。ちなみに「梅田」の由来は、淀川の南に広がる低湿地を埋め立てて田畑にしたことから、「埋田（うめだ）」と呼び始めたのだとか。

JR大阪駅から阪急大阪梅田駅までは地下からも行けるが歩道橋を通ると近くて便利

🔍 事件ファイル ②

**梅田の地下街がリアル大迷路で
迷子状態。助けて！**

大阪最大の繁華街「梅田」。実は梅田は大規模な地下街が特徴の街。気軽に地下街を歩いてみると、出口がわからなかったり方向がわからなくなったり、まるで巨大な迷路のよう。

🟥 解決！

**慣れると超便利！
「梅田ダンジョンさんぽ＆ごはん（→P.102）」
を見て理解しよう**

梅田の地下街はほぼすべて地上のランドマークとつながっていて、慣れるとそんなに複雑ではない。「阪急百貨店うめだ本店」は梅田地下街のほぼ真ん中に位置するので、迷ったらとりあえずそこを目指そう。

地下鉄各線にはシンボルカラーがある。「御堂筋線は赤色」などと覚えておくと便利
→P.154

事件ファイル ③

"キタ"と"ミナミ"ってどこ！？

大阪でよく聞くのが"キタ"と"ミナミ"という地域の呼び方。「キ↑タ↓」「ミ↑ナ↓ミ↓」という独特の発音は通っぽくてかっこいいけれど、一体どこを指すのかは不明！

解決！

ふんわりと地域をあらわす愛称 だいたい理解しておけばOK！

"キタ"は梅田を中心とした中崎町〜北新地くらいのエリアで、"ミナミ"は難波の道頓堀を中心に、黒門市場〜堀江付近のことを指す。どちらも繁華街で、"キタ"は落ち着いた大人の街、"ミナミ"は大阪らしく派手で賑やかな街というイメージ。

WHAT IS 「○○筋」という道路の呼び方

南北に走る道のことを大阪〜神戸では「筋（すじ）」と呼ぶことが多い。ちなみに東西に走る道路のことは「通（とおり）」と呼ぶ。

事件ファイル ④

やばい！おみやげ買ってない！

楽しい旅の終わりにふと気づく「おみやげ、忘れてた！」。行く先々ではおいしいものや大阪らしいものをたくさん見て楽しんだけれど、おみやげを買うのは荷物になるしつい後回しになりがち。

解決！

駅や空港のショップが充実！ぜひ利用してみて

新大阪の駅ナカには大阪を代表する飲食店やおみやげのショップがたくさん。定番のおみやげから気軽に買えるスナックまで揃う。伊丹空港のゲートエリア内（保安検査通過後）には日本初導入となるウォークスルー型の商業エリアを展開。帰るギリギリまでショッピングを楽しめる。

アルデ新大阪
アルデしんおおさか
🏠 大阪市淀川区西中島5-16-1 新大阪駅構内2F ☎店舗により異なる ㊡無休 ㊋JR新大阪駅からすぐ
新大阪 ▶ MAP 別P.3 E-1

伊丹空港
いたみくうこう
（→ P.152）

キタとミナミはおおよその地域を指すが具体的な場所ではない。マップなどには載っていないので注意。

HIGHLIGHT 01

人気エリアにパレード、見どころは盛りだくさん

ユニバーサル・スタジオ・ジャパンを遊びつくす！

大阪に来たら一度は行きたいユニバーサル・スタジオ・ジャパン。新しいエリアの誕生や人気のショーにグッズも見逃せない。出発前にチェックして、効率よく回ろう。

ユニバーサル・スタジオ・ジャパン

- 大阪市此花区桜島2-1-33
- 0570-20-0606
- 曜日、季節により異なる
- 無休
- USJ
- ▶MAP 別P.20 B-2

○ 便利な施設 ○

パーク内には便利な施設がいくつかある。困ったときは訪れてみよう。

◆ ゲストサービス
交通案内や伝言メッセージの預かりなどに対応。記念スタンプなどもあり。

◆ ベビーカー貸出
エントランス右側のカウンターにて一台1100円で貸出。予約は不可。

◆ ファミリーサービス
パーク内に3カ所あり、赤ちゃんの授乳やおむつの交換ができる。

○ 待ち時間短縮の技 ○

人気のアトラクションは大行列のことも多い。効率よく楽しむために待ち時間短縮の技を知っておこう。

無料 よやくのり
ライドの乗車時間を指定予約できる。公式アプリか発券所で取得可能。

無料 シングルライダー
ライドの空席に一人ずつ搭乗することができる。待ち時間の短縮にも◎。

有料 ユニバーサル・エクスプレス・パス
アトラクションを通常より少ない待ち時間で利用できる有料パス。価格は日により異なる。人気エリアの入場確約チケットやパレードの鑑賞エリア確保のパスなどもある。

無料 チャイルドスイッチ
身長制限などで乗車できない子どもの付添者が1回の待ち時間で交互に乗車できる。

無料 レストラン優先予約
来店時間を指定し、優先して食事ができるシステム。1カ月前から予約可能。

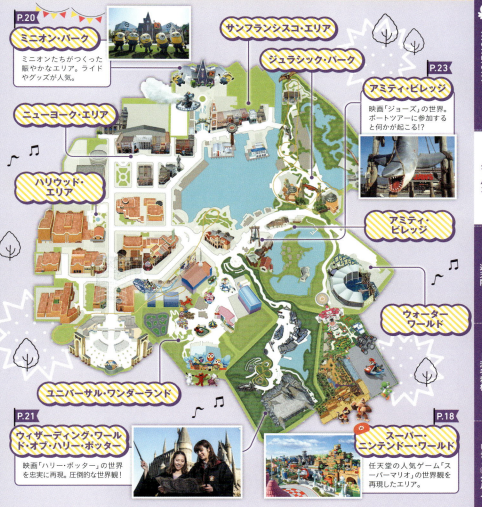

ユニバーサル・スタジオ・ジャパン

P.20 ミニオン・パーク
ミニオンたちがつくった賑やかなエリア。ライドやグッズが人気。

サンフランシスコ・エリア

ジュラシック・パーク

P.23 アミティ・ビレッジ
映画「ジョーズ」の世界。ボートツアーに参加すると何かが起こる!?

ニューヨーク・エリア

ハリウッド・エリア

アミティ・ビレッジ

ウォーターワールド

ユニバーサル・ワンダーランド

P.21 ウィザーディング・ワールド・オブ・ハリー・ポッター
映画「ハリー・ポッター」の世界を忠実に再現。圧倒的な世界観!

P.18 スーパー・ニンテンドー・ワールド
任天堂の人気ゲーム「スーパーマリオ」の世界観を再現したエリア。

ACCESS

電車

START
- 関西空港駅 → JR関空快速 所要1時間 ㈻1210円 → 西九条駅 → JRゆめ咲線 所要約5分 ㈻170円 → ユニバーサルシティ駅
- 大阪空港駅 → 大阪モノレール 所要約2分 ㈻200円 → 蛍池駅 → 阪急宝塚線 所要約15分 ㈻240円 → 大阪梅田駅 → 徒歩5分 → JR大阪駅 → JRゆめ咲線 所要約13分 ㈻190円
- 新大阪駅 → JR京都線 所要約4分 ㈻170円 → ○○○○線 ㈻000円

バス

	時間	大人	子ども
伊丹空港	約40分	940円	470円
関西空港	約1時間10分	1600円	800円

TICKET

◆ チケットの購入方法

《当日券・前売り券》
パークへの入場やアトラクションの体験ができるチケット。パークのチケットブースやローソン、公式WEBサイトで購入できる。予告なく売り切れることがあるので、事前購入がおすすめ。前売りは日付指定で、2カ月先までのパスを購入できる。

◆ チケット価格

	大人	子ども	シニア
1デイ	8600円〜	5600円〜	7700円〜
1.5デイ	1万3100円〜	8600円〜	なし
2デイ	1万6300円〜	1万600円〜	なし

※メニュー、商品のデザイン、価格、販売店舗および販売開始日などは、予告なく変更する場合があります
※品切れの際はご容赦ください ※天候や時間により営業しない店舗がありますので、あらかじめご了承ください

※人気エリアに確実に入りたい場合はエリア入場確約券付きのチケットを購入するのがおすすめ。

HIGHLIGHT ユニバーサル・スタジオ・ジャパン 通天閣 ド派手看板 ビジュ◎グルメ 深夜グルメ グラングリーン大阪

HIGHLIGHT 01 ユニバーサル・スタジオ・ジャパンを遊びつくす!

スーパー・ニンテンドー・ワールド

任天堂のゲームの世界観を再現したエリアにドンキーコングも仲間入り。全力で遊んで、ゲームの世界にどっぷり浸ろう。

クッパ城
宿敵クッパのいる城。ゲームでは描かれてない部分まで再現されている。

マリオカート～クッパの挑戦状～
マリオチームの一員となりカートに乗車。こうらを投げて敵を撃退しよう。

ヨッシー・アドベンチャー
キノピオ隊長を追ってヨッシーと冒険へ繰り出そう。有料フォトもあり。

ねらえ!ノコノコ・POWブロックパンチ
パワーアップバンドをつけて、ノコノコにタイミングを合わせてPOWブロックをパンチ!

ドンキーコング・カントリー
ドンキーコングが暮らすジャングルを再現。ワイルドなライドやフードなどもチェック。

ワンナップ・ファクトリー
ここでしか手に入らないキャラクターグッズやおもちゃが売っているショップ。

ピットストップ・ポップコーン
ストラップもかわいい
ユニークなフレーバーが揃うポップコーンショップ。ポップコーンバケツも購入できる。

2024年12月 ドンキーコング・カントリーがオープン！

ココがすごい！
途切れたレールをジャンプする大胆な動きに大興奮！

ドンキーコングのクレイジー・トロッコ

- 身長…122cm以上
  （付添者同伴の場合は107cm以上）
- 所要時間…2分

ドンキーコングの世界観をたっぷり楽しめる新エリア。ゲームで登場したアイテムなどが点在し、ファンにはたまらない。スーパー・ニンテンドー・ワールドのエリア入場確約券、エリア入場整理券/抽選券が必要。

「黄金のしんでん」からトロッコに乗ってスタート。ティキ族からゴールデンバナナを守るため、ドンキーコングたちとジャングルを縦横無尽に大激走する。豪快で予測不能な動きに、ワイルドな大冒険がはじまる！

マリオカート ～クッパの挑戦状～

マリオカートの世界を体験できるアトラクション。こうらを投げて敵を撃退しながらマリオやピーチ姫とともに突き進もう。

- 身長…122cm以上
  （付添者同伴の場合は107cm以上）
- 所要時間…約5分

1 カートは4人乗り。ARやプロジェクションマッピングなどの空間演出でコースやキャラクターが目の前に！ **2** ゲームの中に入り込んだような臨場感 **3** マリオチームの一員となるヘッドバンドをつけて、マリオカートの世界へ！

ヨッシー・アドベンチャー

ヨッシーの背中に乗り、キノピオ隊長を追って冒険に出発！ アトラクションからエリアを一望できる。

- 身長…122cm以上
  （付添者同伴の場合は92cm以上）
- 所要時間…約5分

1 エリアで一番高いマウント・ピンボールへの入口 **2** かわいいキノピコがストーリーを説明してくれる

パワーアップバンド・キーチャレンジ

エリアを楽しむためのマストアイテム。コインを獲得できたり、キーチャレンジに挑戦できたりする。スマホアプリと連動してゲームの成果を見ることもできる。エリア入口付近のカートなどで販売。

5コのチャレンジ

まわせ！	クリボー・クルクルクランク
ねらえ！	ノコノコ・POWブロックパンチ
とめろ！	パックンフラワー・アラームパニック
あつめろ！	ボムへい・バラバラパズル
そろえろ！	ドッスン・フリップパネル

※メニュー、商品のデザイン、価格、販売店舗および販売開始日などは、予告なく変更する場合があります　※品切れの際はご容赦ください　※天候や時間により営業しない店舗がありますので、あらかじめご了承ください

エリア内は立体的で階段での上下移動が多いが、ベビーカーなどの人はエレベーターもあるので安心。

HIGHLIGHT
ユニバーサル・スタジオ・ジャパン ｜ 通天閣 ｜ ド派手看板 ｜ ビジュ◎グルメ ｜ 深夜グルメ ｜ グラングリーン大阪

HIGHLIGHT 01

USJ ユニバーサル・スタジオ・ジャパンを遊びつくす！

ミニオン・パーク

大ヒット映画「怪盗グルー」シリーズで人気のキャラクター、ミニオンたちが登場！ 賑やかでユニークな街並みに、ワクワクが止まらない。

ミニオン・ハチャメチャ・ライド

グルーが発明した特別なビークルに乗り込んで、ミニオンになるための奇想天外なトレーニングがスタート。

- 身長…122cm以上（付添者同伴の場合は102cm以上）
- 所要時間…25分

ココがすごい！ ドームスクリーンに映し出される5Kの映像は想像を超える臨場感。

1 映画でおなじみの3姉妹も登場　2 4人掛け×2列のビークル　3 ライドは怪盗グルーの家の中にある

ミニオン・ハチャメチャ・アイス

巨大凍らせ銃で凍ったプールの上を製氷車で走る。レイトウコウセンが発射されると、もっとハチャメチャに！

- 身長…122cm以上（付添者同伴の場合は92cm以上）
- 所要時間…1分30秒

ミニオン・グリーティング

グルー邸の地下室に住んでいるミニオンたちが、時々姿を見せてくれる。一緒に写真を撮ったり触れ合ったりできる。

GOODS

まくらクッション 2200円
3姉妹の末っ子が大事にしているユニコーンのぬいぐるみ

バナナクッション 4800円
バナナの中にミニオンたちが入ったユニークなクッション

4800円

ケース入りメモ
ミニオンフェイスに入ったメモ。使い終わったあとは小物ケースになる

ティム カチューシャ 2700円
ボブが大事にしているぬいぐるみ「ティム」のカチューシャ
Cute!

アソートチョコレート 1800円
ミニオンエリアをデザインした缶に、チョコレート＆クランチがたくさん！

ウィザーディング・ワールド・オブ・ハリーポッター

ハリー・ポッター™の物語の世界を、圧倒的なスケールと徹底した細部へのこだわりで再現した壮大なエリア。ミステリアスな小道を抜けるとそびえたつホグワーツ城があなたを出迎えてくれる。

ハリー・ポッター・アンド・ザ・フォービドゥン・ジャーニー

ハリーポッターとともに映画の世界の中を駆け抜けるライドアトラクション。3Dメガネがなくても超・臨場感を体験できる。

- 身長…122cm以上
- 所要時間…5分

ココがすごい！
城内には寮の組み分け帽子などがあり、まるで魔法学校に来たよう

1 足を宙に浮かせて縦横無尽に動くライドに乗車すると、まるで本当に空を飛んでいるかのよう 2 ライドに乗らない人でも城内を見学できるツアーもある 3 「動く肖像画の廊下」や「太った夫人の肖像画」など、あの魔法の世界が目の前に

フライト・オブ・ザ・ヒッポグリフ

1 ヒッポグリフとは、大鷲の頭と馬の胴体を持つ魔法生物のこと 2 列に並んでいるときにハグリッドの小屋を発見

空飛ぶ魔法生物「ヒッポグリフ」に乗って飛行訓練を行うコースター。ホグワーツ城やホグズミード村を一望できるコースも魅力。

- 身長…122cm以上および195cm以下（付添者同伴の場合は92cm以上）
- 所要時間…2分

ワンド・マジック

ホグズミード村のあちこちで魔法をかけることができる体験型アトラクション。マジカル・ワンド（有料）を振って魔法をかけてみよう。

Mischief Managed!

1 魔法が使える場所を探しながら村を歩こう 2 魔法を使うことができるワンド・マジック専用の杖と魔法が使える場所を記した地図

MAP

レストラン
- 三本の箒
- ホッグズ・ヘッド・パブ

ホグワーツ城
城の中はホグワーツ魔法魔術学校。映画の世界をそのまま体感できる。

アトラクション
フライト・オブ・ザ・ヒッポグリフ

ショップ
- ゾンコの「いたずら専門店」
- ハニーデュークス
- オリバンダーの店
- ワイズエーカー魔法用品店
- ふくろう便＆ふくろう小屋
- ダービーシュ・アンド・バングズ
- グラッドラグス魔法ファッション店
- フィルチの没収品店

ホグズミード村
魔法界で人気のレストランや魔法グッズのショップが立ち並ぶ小さな村。

フード＆グッズ

《百味ビーンズ》
おいしいものからとんでもない味まで入るお菓子。

《バタービール》
映画でハリーたちが飲んだノンアルコールビール。

《ローブ》
ホグワーツ魔法魔術学校の生徒としての制服。

《マジカルワンド》
魔法の杖を使うと驚きの体験ができる。

※メニュー、商品のデザイン、価格、販売店舗および販売開始日などは、予告なく変更する場合があります
※品切れの際はご容赦ください ※天候や時間により営業しない店舗がありますので、あらかじめご了承ください

ホグズミード村の奥の広場ではストリートショーが行われる。当日のショー・スケジュールを要チェック！

HIGHLIGHT 01
ユニバーサル・スタジオ・ジャパンを遊びつくす!

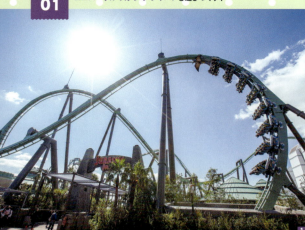

ザ・フライング・ダイナソー

恐竜プテラノドンに背中をつかまれ、ジュラシック・パークの世界の中を360度振り回されるフライング・コースター。うつ伏せの状態で乗車し、猛スピードでパークを飛び回る。急上昇しながらひねる動きは天地がわからなくなるほど強烈!

- ●身長…132cm以上198cm以下
- ●所要時間…約3分

Whoo!!

ココがすごい!
最初の絶叫ポイントでは、頭が真下の状態で地上へ突っ込む!

1 想像を絶する高低差と長さを誇る、最新鋭のフライング・コースター。2 生身の状態で乗車し、全身むき出しで空を飛ぶ

ライド・アトラクション

スリルたっぷりのライド・アトラクション。水に濡れたり、ストーリーに没入したり、バラエティ豊かなアトラクションが盛りだくさん。

ハリウッド・ドリーム・ザ・ライド

ハリウッド・エリアの上を疾走する屋外型のジェットコースター。最高到達点43mからの大落下や急降下の連続で、重力がなくなったかのようなマイナスG感覚を体験できる。

- ●身長…132cm以上 ●所要時間…約3分

Cool!

ココがすごい!
お気に入りのBGMをバックに、目の覚めるようなスリルが全身を突き抜ける。

1 最高到達点約43mの高さからの大落下。高速で急降下するスリルに興奮はMAX。2 旋回中に強力な重力が生まれるらせん状の「ダブルヘリックス」

ジョーズ

のどかな漁村「アミティ・ビレッジ」でボートツアーに参加する乗客たち。船員の軽快なトークを聞いていると、巨大人喰いザメが現れボートを襲撃する。鋭い歯をむき出しにして何度も襲いかかる巨大ザメにボート内は大パニック！

- 身長…一人座りができる人
 （122cm未満の場合は付き添いが必要）
- 所要時間…約7分

ココがすごい！
迫力満点のジョーズをバックに写真を撮ることができる。

1 いきなり現れるジョーズにハラハラが止まらない。水しぶきを浴びることもあり、スリル満点！
2 ライド付近にはつかまったジョーズの姿が。記念撮影もおすすめ

ジュラシック・パーク・ザ・ライド

映画「ジュラシック・パーク」の世界を再現した熱帯エリア。科学の力で再現された恐竜を見学するツアーに参加していたら、コースの不良でT-レックスが待ち受ける肉食恐竜エリアへ。襲い来る恐竜から逃れるため、ボートは25.9m下へと急降下！

- 身長…107cm以上（122cm未満の場合は付き添いが必要）
- 所要時間…約7分

1 恐竜の姿が目の前に！ 大迫力のリバーツアーに参加。鳴き声や動きも、まるで生きているかのようにリアル　2 凶暴なT-レックスから逃れるための大降下。スプラッシュ・ダウンでずぶ濡れになるのが楽しい！

スペース・ファンタジー・ザ・ライド

壮大な宇宙空間を縦横無尽に疾走する宇宙船のライド。小惑星群をかいくぐり、宇宙船「ソーラーシャトル」はめまぐるしく回転しながら突き進む。独創性あふれる世界観が魅力で第18回アウトスタンディング・アチーブメント賞を受賞した。

- 身長…102cm以上
 （122cm未満の場合は付き添いが必要）
- 所要時間…約10分

1 宇宙船型ライドは2人×2列の4人乗り。前後がわからなくなるほどの回転と超スピードで駆け抜ける爽快感がやみつきに　2 まるで宇宙基地のような外観。無料のコインロッカーがあるので、荷物を預けて搭乗しよう

※メニュー、商品のデザイン、価格、販売店舗および販売開始日などは、予告なく変更する場合があります
※品切れの際はご容赦ください　※天候や時間により営業しない店舗がありますので、あらかじめご了承ください

各ライド付近には飲食店も多く、世界観にひたりながら休憩することができる。

HIGHLIGHT 01 ユニバーサル・スタジオ・ジャパンを遊びつくす！

ショー・アトラクション

ハリウッドの技術とスタントマンやダンサーのパフォーマンスが華やかなショー。大人も子ども本格エンターテインメントを楽しんで。

ウォーターワールド

すべてが海底に沈んだ近未来で伝説の陸地を巡る戦いが繰り広げられる水上ショー。特殊効果や高度なスタントで臨場感は120%！

● 所要時間…約20分

ココがすごい！
ド派手な爆破演出や水しぶきがさらにショーを盛り上げる！

シング・オン・ツアー

人気映画「SING」のキャラクターたちがUSJの舞台でパフォーマンスを披露。ハプニングを乗り越えて舞台を成功させることはできるの!?

● 所要時間…約20分

ココがすごい！
「SING」の世界から飛び出したホンモノたちのショーは世界初！

ユニバーサル・モンスター・ライブ・ロックンロール・ショー

ドラキュラ、狼男、フランケンシュタインといったユニバーサル映画でおなじみのキャラクターたちがファンキーな歌とダンスで観客を魅了する。

● 所要時間…約30分

ココがすごい！
映画「BEETLEJUICE」で活躍したビートルジュースの軽快なトークが楽しい！

セサミストリート 4-D ムービーマジック™

驚きの4-Dエンターテインメント。セサミストリート™の仲間たちと一緒に海にもぐり空を飛ぶ！イマジネーションあふれる世界を五感で体感しよう。

● 所要時間…約20分

ココがすごい！
映像に合わせて風を感じたり水が飛んだりと五感で楽しめる

フード&レストラン

遊び心あふれるメニューが豊富。手軽なメニューをサクッと食べるもよし、ゆっくりと本格フードを味わうもよし、気分に合わせてチョイスできる。

RESTAURANT

ディスカバリー・レストラン

映画「ジュラシック・パーク」に登場するビジターセンターをモチーフにしたレストラン。ボリュームたっぷりのメニューを豪快に頬張って。

ジュラシック・パーク ／ クイックサービス

1 恐竜の骨格標本が目の前に! 実物大で迫力満点 2 T-REX・バーガーセット 3500円

メルズ・ドライブイン

レトロなビンテージカーが目印のレストランは映画「アメリカン・グラフィティ」に登場するバーガー店を再現。本格アメリカンバーガーに大満足!

ハリウッド・エリア ／ クイックサービス

1 BBQチーズバーガーセット 1950円はパティもベーコンも分厚く本格的 2 レトロな車たちはフォトスポットとしても人気

CART FOOD

ココがすごい!
カートフードとあなどるなかれ。並んでも食べたい絶品フードが集結

ターキーレッグ 1400円
肉食恐竜のように豪快にかぶりつきたい! 薫り高くやわらかな定番フード

ココで買える! ジュラシック・パークエリア内スプラッシュダウン前カート

ジョーズ・ドッグ 900円
超ジューシーなソーセージをジョーズがガブリ!

ココで買える! ハンギングジョーズ前フードカート

ティムまん〜チョコ〜 700円
アツアツの生地の中にチョコレートが入ったかわいいキャラクターまん

ココで買える! カリフォルニア・コンフェクショナリー前フードカート

ポップコーンバケツ大集合

種類豊富で、いつでも新鮮でかわいい! コレクターも多いのでは?

ココで買える! マリオ・カフェ&ストア™

パンケーキ・サンド マリオの帽子〜いちごのショートケーキ〜 900円
もっちりしたパンケーキにたっぷりの生クリームとイチゴをサンド

ココで買える! ユニバーサル・ワンダーランド入口横ポップコーンカート

ティム・ポップコーンバケツ 4500円
ぬいぐるみらしくふわふわな触り心地が気持ちいい

ずっと一緒!ボブ&ティム・ポップコーンバケツ 4500円
ティムを抱えたボブがかわいい

スーパースター・ポップコーンバケツ 5000円
スイッチを入れると光る仕様で、夜まで楽しい!

ココで買える! ピットストップ・ポップコーン

マリオカート・ポップコーンバケツ 5500円
タイヤが光る特別仕様。ストラップもかわいい

ココで買える! ディスカバリー・レストラン横ポップコーンカート

ラプトル&ジャイロスフィア・ポップコーンバケツ 4000円
期間限定商品も見逃せない
※写真はサンプル

※メニュー、商品のデザイン、価格、販売店舗および販売開始日などは、予告なく変更する場合があります
※品切れの際はご容赦ください　※天候や時間により営業しない店舗がありますので、あらかじめご了承ください

ゆっくりメニューを選びたい人には店頭の二次元コードからアクセスできる「スマホdeオーダー」がおすすめです。

HIGHLIGHT ユニバーサル・スタジオ・ジャパン｜通天閣｜ド派手看板｜ビジュ◎グルメ｜深夜グルメ｜グラングリーン大阪

HIGHLIGHT 01 ユニバーサル・スタジオ・ジャパンを遊びつくす！

USJ オリジナルグッズ

パークにちなんだ雑貨やお菓子でテンションアップ！お配りギフトに、自分用に、かわいいグッズを連れて帰ろう。

C チケットホルダー
2000円
プテラノドンにチケットを入れて持ち歩ける便利なホルダー

D カチューシャ
2700円
ミニスヌーピーがついたカチューシャ。こどもも身につけやすいサイズ

C ミニカー
1600円
ザ・フライング・ダイナソーのミニカー

A マグカップ
2000円
クールなデザインにUSJのロゴが入った定番のマグカップ

D ぬいぐるみ
4200円
ふわふわなスヌーピー。抱っこしてパークを一緒に回るのも楽しい

A フェイスタオル
1900円
グローブマークを大胆&かっこよくデザイン。パークの楽しい思い出を、おしゃれなフェイスタオルで持ち帰ろう。

E ストラップ付きチケットホルダー
2000円
なくしやすいチケットを入れておくホルダーはマストアイテム

E ぬいぐるみ
2900円
子どもに人気のエルモはふわふわの触り心地が気持ちいい

E ぬいぐるみ
2900円
食欲旺盛でクッキーに目がないキュートなクッキーモンスターのぬいぐるみ

D プレートセット
かわいさもありつつ、シックで普段使いしやすいデザインがうれしい

ココで買える！
- A ユニバーサル・スタジオ・ストア
- B カリフォルニア・コンフェクショナリー
- C ジュラシック・アウトフィッターズ
- D スヌーピー・スタジオ・ストア
- E セサミストリート™・キッズ・ストア

A チケットホルダー
2000円
迫りくるジョーズがインパクト大！大注目間違いなしのぬいぐるみチケットホルダーにパスを入れて、パーク中を歩き回ろう！

B プリントクッキー
1800円
スヌーピーとチャーリー・ブラウンをプリントしたクッキーがかわいい

Official Hotel オフィシャルホテル

パークからすぐの近くホテルなら朝早くから夜遅くまで目いっぱい遊べる。パークの余韻をそのままに、快適なステイをご提案。

アースカラーが特徴の自然を感じるホテル
オリエンタルホテル ユニバーサル・シティ
自然を彷彿させる広々とした客室は家族やグループでの利用にぴったり。

🏠 大阪市此花区島屋6-2-78 ☎ 0570-051-153（オリエンタルホテルズ＆リゾーツリザベーションデスク） 🛏 330室 🚃 JRユニバーサルシティ駅から徒歩2分
USJ ▶MAP 別P.20 B-2
料金 1泊朝食付き1室2万9000円〜
IN 15:00 OUT 11:00

全室バス・トイレ独立明るい客室で快適ステイ
ホテル ユニバーサル ポート ヴィータ
14種類の個性豊かなコンセプトの客室が人気。エントランスやロビーではパークとのコラボもあり、賑やかな雰囲気。

🏠 大阪市此花区島屋6-1-16 ☎ 06-6460-8000 🛏 428室 🚃 JRユニバーサルシティ駅から徒歩2分
USJ ▶MAP 別P.20 B-2
料金 1泊朝食付き1室2万3400円〜
IN 15:00 OUT 11:00

パークグッズが買える客室からの景色もすてき
ホテル近鉄 ユニバーサル・シティ
パークとのコラボレーションルームが充実していて、ワクワクが続く滞在が叶う。パークの直営ストアも館内にあり便利。

🏠 大阪市此花区島屋6-2-68 ☎ 06-6465-6000 🛏 456室 🚃 JRユニバーサルシティ駅から徒歩2分
USJ ▶MAP 別P.20 B-2
料金 1泊3名利用3万5400円〜
IN 15:00 OUT 11:00

ハーバーサイドに面した開放的な雰囲気が魅力
ホテル ユニバーサル ポート
ドキドキアドベンチャールームは非日常を味わえる。館内ではパークの人気者「ミニオン」をいたるところで発見できる。

🏠 大阪市此花区桜島1-1-111 ☎ 06-6463-5000 🛏 600室 🚃 JRユニバーサルシティ駅から徒歩3分
USJ ▶MAP 別P.20 B-2
料金 1泊朝食付き1室2万3400円〜
IN 15:00 OUT 11:00

ユニバーサル・シティウォーク大阪
Universal City Walk Osaka

パークと駅の間に位置する賑やかな商業施設。大阪みやげやさまざまなグルメを楽しめる。

🏠 大阪市此花区島屋6-2-61 ☎06-6464-3080 ⏰ 3F 10:00～22:00、4Fグッズ・TAKOPA11:00～22:00 レストラン11:00～23:00、5F 11:00～23:00 ㊡無休 🚃JRユニバーサルシティ駅からすぐ USJ ▶MAP 別P.20 B-2

大阪フード
大阪の定番フードもここならバラエティ豊かに揃える。

いろいろなたこ焼きを買ってシェアするのもおすすめ

TAKOPA (TAKOYAKI PARK)
タコパ（タコヤキパーク）
大阪で有名な人気たこ焼きの名店6店舗が大集合。各店の席でも食べ比べOK。

店舗リスト
- 大阪玉出 会津屋
- たこ家 道頓堀くくる
- 大阪アメリカ村 甲賀流
- あべのたこやき やまちゃん
- 十八番
- 玉屋

お手軽フード
気軽に食べられる軽食。テイクアウトして食べるのもおすすめ。

690円

おにぎり各種 160円～
豚汁280円はおにぎりとセットで320円に

FUN FUN
ファンファン
おにぎり専門店。岩手県産ひとめぼれを使用した大きなおにぎりをリーズナブルに提供。
☎06-4804-3330

いちごバナナチョコホイップ
いちごにバナナ、生クリームとチョコソースが入る。

MOMI & TOY'S
モミアンドトイズ
生地にたっぷりのアーモンド粉を練り込んだ香ばしい食感が特徴のクレープ専門店。
☎06-6462-8775

アメリカンフード
パークの余韻を残したまま、本場アメリカの味を楽しめる

2240円　3619円

シュリンパーズ ネットキャッチ（Regular）
ガーリック風味かケイジャン風味を選べる。

ババ・ガンプ・シュリンプ
映画「フォレスト・ガンプ」をテーマにしたレストラン。オリジナルグッズも購入できる。
☎06-4804-3880

ロブスターの黄金焼き＆ローストビーフ with ガーリックライス
ロブスターとローストビーフを一度に楽しめる贅沢な一皿。

RED LOBSTER
レッドロブスター
アメリカで人気ナンバーワンのシーフードレストラン。パークを一望できる窓際の席が人気。
☎06-6940-6351

おみやげ
パークグッズやここでしか買えない雑貨などが揃う。

ユニバーサル・スタジオ・ストア
ユニバーサル・シティウォーク大阪店
ユニバーサル・スタジオ・ストア ユニバーサル・シティウォークおおさかてんパーク外で最大規模のオリジナルグッズ販売店。
☎0570-20-0606
（パークインフォメーションセンター）

ハードロックカフェ ROCK SHOP
ハードロックカフェ ロックショップ
大阪のシティネーム入りオリジナルTシャツやアパレル各種、限定ピンバッジなど幅広い商品を販売。
☎06-4804-3871

落ち着ける空間のラグジュアリーホテル

ザ シンギュラリ ホテル ＆ スカイスパ アット ユニバーサル・スタジオ・ジャパン

宿泊者は無料で14階にある大浴場・展望風呂の利用ができる。

🏠 大阪市此花区島屋6-2-25 ☎06-4804-9500 🚃390室 JRユニバーサルシティ駅直結
USJ ▶MAP 別P.20 B-2
料金 1泊朝食付き1室2万5000円～
IN 15:00 OUT 11:00

エリア内最高層で優雅なひとときを

ホテル京阪 ユニバーサル・タワー

31階の天然展望温泉や32階のレストランからの眺めはまさに絶景。美しい夜景は特別な思い出になること間違いなし。

🏠 大阪市此花区島屋6-2-45 ☎06-6465-1001 🚃641室 JRユニバーサルシティ駅から徒歩1分
USJ ▶MAP 別P.20 B-2
料金 1泊朝食付き1室2万9000円～
IN 15:00 OUT 11:00

パークへ徒歩1分 一番近いオフィシャルホテル

ザ パーク フロント ホテル アット ユニバーサル・スタジオ・ジャパン

アメリカの各都市をイメージした客室はパークの余韻が続く。

🏠 大阪市此花区島屋6-2-52 ☎06-6460-0109 🚃598室 JRユニバーサルシティ駅から徒歩1分
USJ ▶MAP 別P.20 B-2
料金 1泊朝食付き1室3万9000円～
IN 15:00 OUT 12:00

© & ™ WBEI. Publishing Rights © JKR. (s24) Minions TM & © Universal Studios. © 2024 Sesame Workshop © 2024 Peanuts © '24 SANRIO APPR. NO. xxxxxxx TM & © 2024 Universal Studios. All rights reserved. When including Universal Content such as USJ, Universal CityWalk and partner hotels:CITY WALK、画像提供：ユニバーサル・スタジオ・ジャパン ※情報は、2025年1月現在のものです。※アトラクションやショーは、予告なく変更中止する場合があります。開催日時・時間は公式WEBサイトにてご確認ください。※商品やメニューの価格やデザイン・販売店舗 販売開始日など予告なく変更する場合があります。※品切れの際はご容赦ください。

※メニュー、商品のデザイン、価格、販売店舗および販売開始日などは、予告なく変更する場合があります
※品切れの際はご容赦ください　※天候や時間により営業しない店舗がありますので、あらかじめご了承ください

※年間パス以外、パークは再入場不可。「一旦ホテルに戻る」ということができないので注意。

HIGHLIGHT 02

これが大阪のシンボル・タワーやで！
通天閣を徹底調査

国の登録有形文化財に認定されている、通天閣。なにわの心意気が詰まった大阪のシンボルタワーで、フロアごとの景色や世界観、レジャーを満喫しよう。

個性豊かな世界が広がる各フロアへ冒険に出よう

R5F ≫ 92.5m
跳ね出し展望台「TIP THE TSUTENKAKU」
先端部分がシースルーフロアになった展望台。さらに階段を上ると、通天閣最上部の展望台にたどり着く

風を感じる、開放感抜群な展望台

ココが気になる！
どのくらい大きいの？
全長108m、幅24m。「展望パラダイス」では94.5mからの景色が楽しめる

ココが気になる！
いつ建てられたの？
今の姿は1956年に再建された二代目のもの。初代通天閣は1912年に誕生した

5F ≫ 87.5m
エレベーターにもおるで〜

黄金の展望台
大阪市街を一望できる空中オアシス。金髪のビリケン像を触るとご利益があるかも!?

愛され続けるなにわのシンボルタワー
通天閣
つうてんかく

昭和レトロな雰囲気が漂う、新世界エリアの象徴。ビリケン像が鎮座する黄金の展望台をはじめ、おもしろい商品が集まるエリアやスライダーなどのアクティビティも充実。展望台から眺める景色は壮観。
→P.136

2F→3F ≫ 22m
タワースライダー「TOWER SLIDER」
螺旋階段を上がるとスライダーの入口が。常設展示やカフェ、おもしろい商品も多数並ぶ

夜景もみて行ってや〜

多彩な色のライトアップが楽しめる

1F
初代通天閣 復刻大天井画
初代通天閣に描かれていた天井画を眺めたら、そばにある通天閣展望台入口へ進もう

B1F
わくわくランド
大手食品メーカーのアンテナショップが集結。展望台へ行くチケットもここで購入できる

「展望パラダイス」から望める景色

ハラハラドキドキ 開放感MAXな展望台

ココ

見晴らしのよい展望台からの景色は壮観

TIP THE TSUTENKAKU

足元がシースルーになっていてスリル満点。受付は5階のインフォメーションカウンターで。

写真映えするスポット！

Information
追加料金	300円
受付場所	地下チケットカウンター、5階インフォメーションカウンター
営業時間	10:00〜19:50（最終入場 19:30）

奥まで進んで記念写真を撮ろう

HIGHLIGHT

ユニバーサル・スタジオ・ジャパン

通天閣

ド派手看板

ビジュ◎グルメ

深夜グルメ

グラングリーン大阪

ここでしか買えない限定商品やグッズがずらり

通天閣わくわくランド

関西に縁の深い、大手食品メーカーのアンテナショップが集結。通天閣限定のオリジナルグッズをぜひゲットして。

【神戸風月堂】
大阪ミニゴーフル通天閣
バニラ、ストロベリー、チョコレートクリームのミニゴーフル

各486円

475円

大阪通天閣限定 おみくじ マヨおかき（たこ焼きマヨネーズ味）
中の小袋がおみくじになった、たこ焼きマヨネーズ味のおかき

648円

通天閣クリスピーショコラ（7個入り）
クランベリーとチョコレートの酸味と甘さ、サクサクの食感が◎

一気に滑り降りる爽快なスライダー

子どもから大人まで楽しめる、体験型新アトラクション

YEAH

滑り始めのゾーンは天井が透明。通天閣を見上げることができる

TOWER SLIDER

地上22mから地下1階まで約10秒で降りる、全長60mの滑り台。迫力満点のスピード感をぜひ体験して。

準備を整えいざ出発！

陽気なスタッフの合図で一気に急降下！

wow!

Information
追加料金	1000円
受付場所	1階チケットカウンター
営業時間	10:00〜19:30

エレベーター棟の外周を囲む、螺旋型のスライダー

アクティビティ好きな方は、地上50mからのジップやアスレチック体験ができる「DIVE & WALK」もおすすめ。

HIGHLIGHT 03
グリコにカニ、ギョウザにだるま大臣…
令和版道頓堀看板コレクション

巨大でド派手な看板がズラリと並ぶ道頓堀。大阪らしさ120%！
テレビやSNSでもよく登場するポピュラーなサインと記念写真はマストです！

♪それにつけてもおやつはカール
A カールおじさん

カールおじさん！

カールおじさんの笑顔に思わずこちらも笑みがこぼれる明治の看板。10〜22時正時になるとカエルのケロ太が帽子から登場。

🏠大阪市中央区道頓堀1-6-15 ⏰10:00〜22:00 ㊡無休 🚇地下鉄なんば駅14番出口から徒歩5分 道頓堀 ▶MAP 別P.19 D-1

かに！

今や大阪の「風景」
C 道頓堀グリコサイン
どうとんぼりグリコサイン

昭和10（1935）年から設置されている江崎グリコの屋外広告。現在は平成26（2014）年にリニューアルされた6代目。

🏠大阪市中央区道頓堀1-10-4 ⏰見学自由 ㊡無休 🚇地下鉄なんば駅14番出口から徒歩3分 道頓堀 ▶MAP 別P.19 D-1

戎橋

♪とれとれぴちぴちかに料理〜
B かに道楽 道頓堀本店
かにどうらく どうとんぼりほんてん

道頓堀を象徴する看板広告としておなじみ。店内ではかにすきを、店頭ではかにみそ風味がきいたかにまんなどを販売する。

🏠大阪市中央区道頓堀1-6-18 ☎06-6211-8975 ⏰11:00〜22:00(LO21:00) ㊡無休 🚇地下鉄なんば駅14番出口から徒歩4分 道頓堀 ▶MAP 別P.19 D-1

B A D

餃子！

HOW TO
道頓堀を川から楽しもう！

えびすタワーの前から出航
とんぼりリバークルーズ

当日でも乗れちゃう！

日本橋〜湊町リバープレイス間を運航。「八百八橋」といわれる大阪の橋の解説や大阪弁の小ネタも聞ける。

🏠大阪市中央区宗右衛門町 太左衛門橋船着場 ☎050-1807-4118 ⏰11:00〜21:00（毎時00分、30分に出航）公式サイトを確認 🚇地下鉄なんば駅14番出口から徒歩6分 💴2000円 道頓堀 ▶MAP 別P.19 E-1

焼きたての音も聞こえそう！
D 大阪王将 道頓堀本店
おおさかおうしょう どうとんぼりほんてん

ド派手なギョウザの看板が目印。1階はSTANDING GYOZA BARとして通常価格より手頃な値段でギョウザとビールを味わえる。

🏠大阪市中央区道頓堀1-6-13 ☎06-6213-0400 ⏰11:00〜22:30(LO22:00) ㊡無休 🚇地下鉄なんば駅14番出口から徒歩5分 道頓堀 ▶MAP 別P.19 E-1

握り寿司！

へい！マグロいっちょ！

E 元祖廻る元禄寿司 道頓堀店
がんそまわるげんろくずし どうとんぼりてん

本店は東大阪市にある、回転寿司の元祖として名高い寿司店。職人が目の前で握る寿司を、財布にやさしい価格でいただける。

🏠 大阪市中央区道頓堀1-6-9 ☎06-6211-8414 ⏰11:15〜22:30（土・日曜、祝日は10:45〜22:45）休無休 🚇地下鉄なんば駅14番出口から徒歩5分

道頓堀 ▶MAP 別P.19 E-1

WHAT IS

カニ看板は3代目

「かに道楽」のカニは、昭和36（1961）年に設置。ダイナミックに動くかには名物看板として、またたく間に道頓堀のシンボルとなった。現在は3代目。

ミナミを代表するたこ焼きの名店

F 道頓堀くくる コナモンミュージアム
どうとんぼりくくる コナモンミュージアム
→P.132

ソースの二度づけは禁止やで！

G 創業昭和四年新世界元祖串かつ だるま道頓堀店
そうぎょうしょうわよねんしんせかいくしかつ だるまどうとんぼりてん

"ソース二度漬け禁止"の発祥といわれる串カツの老舗。ビルの屋上でにらみをきかせる高さ12mの「だるま大臣」像にも注目して！

🏠 大阪市中央区道頓堀1-6-8 ☎06-6213-8101 ⏰11:00〜22:30（LO22:00）※土・日曜、祝日は10:30〜 休無休 🚇地下鉄なんば駅14番出口から徒歩6分

道頓堀 ▶MAP 別P.19 E-1

屋上にもだるま大臣！

たこ焼き！

道頓堀川

串カツ！

太左衛門橋

道頓堀商店街

会いにきてやー！

WHERE IS

「くいだおれ太郎」にはどこで会える？

令和7（2025）年春に帰ってくる！

H 中座くいだおれビル
なかざくいだおれビル

令和7（2025）年の春に全館リニューアルオープンする商業施設に、新たに立体造形に生まれ変わった「くいだおれ太郎」が登場！

🏠 大阪市中央区道頓堀1-7-21 休店舗により異なる 🚇地下鉄なんば駅14番出口から徒歩5分

道頓堀 ▶MAP 別P.19 E-1

外観には全長約6mもの「くいだおれ太郎」の立体造形看板を掲示。1階エントランスでは、赤と白のしま模様と太鼓がトレードマークの「くいだおれ太郎」人形にも会える！

「八百八橋（はっぴゃくやばし）」とは、河川や運河に囲まれ、多くの橋がある大阪のまちを指す言葉。

HIGHLIGHT 04

SNS映え120%!

ビジュアルそそる大阪グルメ6選

お好み焼きにたこ焼き、串カツ、洋食…と、数えればキリがない大阪グルメ。見ているだけで食欲が高まるビジュアルはSNS映えにも期待か。写真や動画に収めて発信しよう!

お好み焼き

気分はお好み焼き職人!
できあがりも写真に撮ろう

なんば
千日前 はつせの
お好み焼き
→P.39

2種類のダシを使った生地に好みのトッピングを加えて。仕上げは辛口・甘口のダブルソースをぬっていただこう!

ここが映え
POINT
セルフで焼くスタイルだから、作っている途中やできあがったばかりの瞬間もバッチリ撮影できる!

たこ焼き

ダシが香るフワトロ生地と
生ダコの濃厚な旨み!

梅田
はなだこの
たこ焼き
→P.42

行列が常にできる梅田高架下に立地。生ダコの旨みとプリッとした食感にテンションもアガル!ネギたっぷりのネギマヨが人気。

ここが映え
POINT
フワトロな食感を生み出す華麗な職人技は必見!ガラス越しにそのかっこいい姿を見学して

HIGHLIGHT

ユニバーサル・スタジオ・ジャパン

通天閣

ド派手看板

ビジュ◎グルメ

深夜グルメ

グラングリーン大阪

串カツ

山芋入りのフワフワな食感がたまらない！

新世界
八重勝の
串カツ
→P.46

衣に山芋を混ぜることで具材の旨みを逃さずしっかり楽しめる。ネタによって衣の付け方を変えるなど、素材の味が光る工夫も◎。

ここが映え
POINT
写真映えするビジュアルの美しさも八重勝が人気の秘密。経験豊富な職人の技も感じて

洋食

下町洋食の名店が贈る肉の旨みたっぷりメニュー

ここが映え
POINT
懐かしい銀食器に盛り付けられた老舗洋食のヘレ(ヒレ)カツメニューはSNS映え間違いなし！

新世界
グリル 梵の
ヘレカツカレー煮込み＆
ヘレビフカツサンド
→P.56

看板メニューはヘレカツカレー煮込み。サクサク食感のヘレカツに自家製カレーをたっぷりと。ヘレビフカツサンドは持ち帰り可。

うどん

きつねうどん発祥店の隠れた"映え"メニュー

心斎橋
うさみ亭マツバヤの
おじやうどん
→P.50

きつねうどん発祥の店として知られる名店の、もうひとつの人気メニュー。うどんとおじや、たっぷりの具材を一度に食べられる。

ここが映え
POINT
「うどん×おじや」のインパクト絶大なメニュー。れんげでごはんをすくって見せればより映えそう

豚まん

グルメな大阪人絶愛！おみやげにも最適な逸品

なんば
551HORAI本店の
豚まん
→P.135

おみやげとしても人気の豚まん。ジューシーな豚肉の味わいと甘いタマネギをフカフカの皮でしっかり包んで大満足の食べ応え。

ここが映え
POINT
大阪人ならその姿を見ただけでテンションもあがる豚まん。中をしっかり見せて撮影してみて

「食い倒れのまち」といわれる大阪。かつては「天下の台所」と呼ばれ、全国から多くの食材が集まった、グルメな歴史がある。　33

HIGHLIGHT 05

眠らない街・大阪で
てっぺん回っても食べたい大阪グルメ

夜も活気づく大阪だからこそ、「てっぺん」(深夜0時)を超えても遊びたいもの。深夜でも気軽に訪れられる大阪グルメの店をチェックしておこう!

闇夜に光を放つ宝船や大きなビリケンさんがお出迎え

200席以上ある大広間など店内スペースも広々

通天閣のお膝元で一年中お祭り騒ぎな人気店

早朝から深夜までいつでも訪れて!

串カツ

ド派手な外観は大阪らしさ120％。写真映えもしそう

24時間営業

名物 横綱ちゃんこ鍋
2人前 3960円

串カツと並ぶ人気メニュー。たくさんの具材と秘伝のダシを使用

おまかせ串かつ 横綱10本盛り合わせ
1628円

定番から変わりダネまでバラエティ豊富な10本の盛り合わせ

串カツ界の横綱的存在!
日本一の串かつ 横綱 通天閣店
にほんいちのくしかつ よこづな つうてんかくてん

素材、衣、油にこだわる名物の串カツはもちろん、横綱級のMEGA盛り大皿料理、不動の人気を誇るちゃんこ鍋を一年中いただける。

🏠大阪市浪速区恵美須東3-6-1 ☎06-6630-8440 ⏰24時間営業 休無休 🚇地下鉄動物園前駅5番出口から徒歩3分

新世界 ▶MAP 別 P.17 D-1

おダシにじっくりひたしてどうぞ♪

たこ焼き

あさりダシを使った身も心も温まるたこ焼き

だし蛸 780円

タウリンたっぷり!あさりダシでいただく明石焼き風なたこ焼き

午前5時まで営業

カウンター席やテーブル席は深夜まで人でいっぱい

極上ダシのたこ焼き
蛸焼とおでん 友の
たこやきとおでん ともの

上品で旨みのあるあさりダシを、たこ焼きの生地にたっぷり使用。タコ自体も大きく食べ応えも十分。身も心も温まるおでんも人気だ。

🏠大阪市浪速区難波中1-8-13 ☎050-5457-2290 ⏰18:00〜翌5:00(LO4:00) 休無休 🚇各線なんば駅32番出口からすぐ

なんば ▶MAP 別 P.15 D-2

お好み焼き

ミナミの人々から愛され続ける
隠れ家的なお好み焼き店

心ときめく♪
チーズの匂い

豚チーズ玉
1080円
とろけるチーズの旨みがお好み焼きの味わいをより深めてくれる

午前4時まで営業

店内にはテーブル席やカウンター席を用意

深夜でもつい箸がすすむ味わい
お好み焼き だん
おこのみやき だん

宗右衛門町を訪れた人や地元の飲食店主なども訪れる店。フワリと焼き上げた軽い食感お好み焼きは深夜でもつい食べられちゃう。

🏠 大阪市中央区心斎橋筋2-3-12 喜八ビル3F
☎ 06-6211-8708　🕐 17:00〜翌4:00 (LO3:30)
休 日曜　🚇 各線なんば駅15B番出口から徒歩5分

心斎橋 ▶MAP 別P.13 E-3

ねぎ焼き

豚玉　1180円
はみ出る大きさの豚バラ肉を使った豚玉も名物メニューのひとつ

居心地の良いカウンター席が並ぶ店内

平日のみ深夜まで営業！
北新地の"愛され"な店

すじねぎ
1470円
しっかりと炊いた牛すじとたっぷりのネギが生み出す味わいを満喫

午前1時30分まで営業

北新地のど真ん中にありながら価格もお手頃だ

気軽に入れてコスパも◎
お好み焼き 宮生
おこのみやき みやお

グルメな店が集う北新地で長く支持を集める店。看板メニューのねぎ焼きやお好み焼き以外に、名物のハンバーグなど一品も充実。

🏠 大阪市北区曽根崎新地1丁目5-4 スプレッドビル1F
☎ 050-5868-5838　🕐 18:00〜翌1:30 (土・日曜、祝日は〜22:00)
休 不定休　🚇 JR北新地駅11-21番出口から徒歩2分

北新地 ▶MAP 別P.9 D-3

HIGHLIGHT / ユニバーサル・スタジオ・ジャパン / 通天閣 / ド派手看板 / ビジュ◎グルメ / 深夜グルメ / グラングリーン大阪

大都会の大阪だが、エリアによっては深夜まで開いている店が少ないところも。事前に下調べをしておくとベター。

35

HIGHLIGHT 06

大都会と調和する公園も話題

グラングリーン大阪は マストでGO！

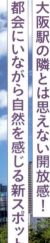

JR大阪駅北側の「うめきた」エリアに誕生したグラングリーン大阪。都会の中のオアシス・うめきた公園や、自然や癒やしを体感できるショップなど、今注目のスポットへ行こう！

大阪駅の隣とは思えない開放感！
都会にいながら自然を感じる新スポット

どこを散策しようかな♪

思わず深呼吸したくなる！
うめきた公園
うめきたこうえん

大規模ターミナル駅直結の都市公園としては世界最大級。都心にいながら四季の自然や非日常体験を味わえるのが最大の特徴。定期的に開催される参加型プログラムもチェック。

- 大阪市北区大深町
- 06-6136-4776（うめきた公園管理センター※9:00～17:00）
- 入園自由 ⑯無休
- JR大阪駅うめきた地下口直結

梅田 ▶MAP 別P.8 B-2

WHAT IS
うめきた公園とは？

©Akira Ito.aifoto

公園の面積は約45000㎡。中心には車道が通り、南北でそれぞれ特徴やテーマ性が異なり、1つの公園に複数の魅力が存在。

うめきた公園を歩いてみよう

画像提供：グラングリーン大阪開発事業者
水盤
都市の景観を映す水辺空間。噴水が芝生広場のアクセントに

大屋根
南北120mの3つの屋根と軟らかな曲線が特徴的なシンボル

ひらめきの道
公園の南北をつなぎ、季節や時間帯によって変わる緑を一望

グラングリーン大阪を お散歩気分でお買い物♪

北館1階
gardens umekita by kohnan
ガーデンズ ウメキタ バイ コーナン

カラフルなシーズナルフラワーにうっとり♪

目にしたことのない植物にオドロキ

塊根植物や観葉植物などを近くで見られる

767円〜

3278円

1078円〜

育てやすさが人気を集める観葉植物・ガジュマル | モダンな印象を与える盆栽を始めてみるのはいかが | ガーデニング初心者でも失敗しにくいサボテン

コーヒーショップと書店のコラボ店舗でひとやすみ

北館2階
タリーズコーヒー

北館2階
有隣堂

1. 間取りもゆったりした店内でくつろぎの時間を
2. さっくり米粉パンケーキセット1060円〜
3. 本やアート、グリーンに調和するインテリア

1. アート作品の制作体験も実施 2. 横浜に本店がある「有隣堂」が大阪初出店 3. 店内には個性的なZINEなども揃う

緑にあふれる新しいまち
グラングリーン大阪
グラングリーンおおさか

北館には、植物・アクアリウム中心の新コンセプト店やタリーズと有隣堂、Artbar Osakaのコラボ店舗などが入る。

📍 大阪市北区大深町6-38
☎ 店舗により異なる
🚇 JR大阪駅うめきた地下口直結

梅田 ▶MAP 別P.8 B-2

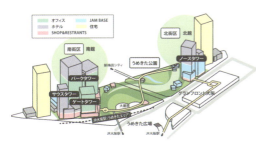

2025年3月 開業予定

注目のショップ&レストランが集まるグラングリーン大阪「南館」もチェック！

アジア初進出となるフード&カルチャーマーケットや都市型スパなど55店舗が入る商業施設やホテルがオープン。

「GRAND CHEFS' VALLEY」「タイムアウトマーケット大阪」など話題のスポットに注目

2027年春頃にはノースパークの一部が開業予定。全体まちびらきは2027年度内の予定とのこと。

EAT 01 大阪に来たなら
マストで食べたい定番お好み焼き

肉とキャベツ、玉子に揚げ玉を混ぜて焼くスタイルのお好み焼きは、大阪グルメのマストメニュー。鉄板で音を立てるソース&マヨネーズの香りにテンションもアガル！

昔ながらのおいしさも
めっちゃ楽しい大阪の風景

マヨで描いた通天閣！

これ食べて！
スペシャル
1500円
卵2個に豚、ミンチ、タコ、海老、イカ、牡蠣が入った贅沢な一枚

必見！華麗なマヨビーム

どんなモチーフが描かれるのか楽しみ！

食べに来てや〜

女将の温もりも伝わる絶品お好み焼き
おかる
こだわりの焼き方で作る、フワフワ食感の昔ながらのお好み焼き。仕上げに描いてくれる通天閣やビリケンさんなどのマヨアートが楽しい。大阪を満喫するならぜひ食べてみて。

🏠 大阪市中央区千日前1-9-19
☎ 06-6211-0985　🕛 12:00〜15:00(LO14:30)、17:00〜22:00(LO21:30)
休 木曜、第3水曜　🚇 各線なんば駅B22出口から徒歩4分

なんば ▶MAP 別P.19 E-1

具材のかき混ぜ方もポイント

具材をよく混ぜるのと蒸し焼きするのが味のコツ

他にもこんなデザインが！

女将が考えたこの店のゆるキャラ「おかるちゃん」

38

上手な焼き方も
お教えします！

セルフで作られる「ナニワの味」
千日前 はつせ

"大阪の味"を80年守り続ける、完全個室の老舗店。今では珍しい自分で焼く昔ながらのスタイルだから、具材も味付けも自分好みにできる。周りに気兼ねなくみんなで楽しもう！

🏠 大阪市中央区難波千日前 11-25 はつせビル
☎ 06-6632-2267　⏰ 11:30～24:00 (LO23:00) ※土・日曜、祝日は11:00～　🚫無休　🚇各線なんば駅B21番出口から徒歩3分
なんば　▶ MAP 別P.19 F-2

元々旅館だった店内は老舗の雰囲気たっぷり

2種類のダシを使った生地に、辛口・甘口のダブルソース！

自分で焼くスタイルで
おいしさも倍増！

これ食べて！
特選デラックス
1880円
1.5倍の生地に肉、牛肉、エビ、イカなど人気のトッピングが勢揃い

まかないメシから生まれた
元祖・モダン焼きは必食！

ジュー
ジュー

これ食べて！
ぼてぢゅう®
デラックスモダン
2728円
お好み焼きと焼きそばが合体した、ぼてぢゅう®の代表メニュー

大阪お好み焼きを代表する店
ぼてぢゅう本店® 道頓堀
ぼてぢゅうほんてん どうとんぼり

昭和21(1946)年創業。ソース＋マヨネーズで提供するスタイルをはじめ、まかないメシから生まれたモダン焼きなど、大阪のお好み焼き文化の形成に貢献した名店のひとつ。

🏠 大阪市中央区道頓堀1-6-15 Comra de ドウトンビル 2F
☎ 06-6211-3641　⏰ 11:00～23:00 (LO22:00)　🚫無休　🚇各線なんば駅14番出口から徒歩2分
道頓堀　▶ MAP 別P.19 E-1

国内外に170店舗を構える名店の本店は、賑やかな道頓堀に立地

創業からの店の歴史を伝える、洗練されたデザインのパネル

おおきに！

鉄板料理のお好み焼きだが、旨さの秘密は店ごとにこだわりが異なる「ダシ」。ここにも大阪のダシ文化が根付いている。

EAT / お好み焼き / たこ焼き / 串カツ / うどん / スパイスカレー / 焼肉 / 大阪グルメ / 夜ごはん&飲み / 朝ごはん / カフェ&スイーツ

EAT 02
ポイントを詳しく解説
"進化形お好み焼き"は ココが違う！

MENU
なにわ背徳やき 1680円

仕上げにのせた半熟卵とたっぷりのシャキシャキ青ネギが食欲をそそる

存在そのものが罪深い！
濃厚具材満載のお好み焼き

クリームチーズ／青ネギ／豚角煮／天かす／もち／半熟卵／豚バラ

コレも食べてみて！
ゆかり焼 1680円
大きな有頭エビやイカ、貝柱など、新鮮な魚介をたっぷり味わえる

ココが違うで！
独自に開発した粉や無添加のソース、特製のダシなど、創業以来のこだわりがおいしさの土台

1230点の頂点を極めた逸品
お好み焼 ゆかり 富国生命ビル店
おこのみやき ゆかり ふこくせいめいビルてん

お好み焼レシピコンテスト「TEKO-1グランプリ」で優勝に輝いた、ボリュームたっぷりの1枚。贅沢に入った具材がおりなす食感と旨みのハーモニーが、一度食べたらやみつきに。

🏠 大阪市北区小松原町2-4 大阪富国生命ビル1F
☎ 06-6360-6070
🕙 11:00～23:00 (LO22:00)
休 不定休
🚇 地下鉄東梅田駅1番出口から徒歩1分
梅田 ▶MAP 別P.18 C-2

まるでホールケーキ!?
メレンゲが絶妙なアクセント

高級感あふれる空間も魅力
ぷれじでんと千房 南本店
ぷれじでんとちぼう みなみほんてん

ゆったりとくつろげる格調高いインテリアはまるで高級レストランのよう。クラシックが流れる大人の空間で、高級食材も惜しみなく使うお好み焼きを堪能して。

🏠 大阪市中央区宗右衛門町6-30 豊の家ビル1F
☎ 06-6211-0755
🕙 17:00～23:00
休 日曜（月曜が祝日の場合は連休最終日）
🚇 各線なんば駅なんばウォークB20番出口から徒歩5分
心斎橋 ▶MAP 別P.13 E-3

コレも食べてみて！
ぷモンジュ 1900円
焼きそば、豚肉、イカ、小海老が入ったクレープ風のお好み焼き

MENU
白雪姫 2800円

お好み焼きの上にメレンゲをのせた、インパクト大な人気メニュー

ココが違うで！
フワフワ食感のお好み焼きにメレンゲ、アボカド、有頭エビ、ベーコンが意外と合う！

有頭エビ／メレンゲ／ベーコン／アボカド／チェダーチーズ

お好み焼きの本場・大阪には、オリジナリティあふれる創作系の逸品もたくさん！ビジュアルも味もユニークな、大阪でしか味わえないスペシャルなお好み焼きをご賞味あれ。

WHAT IS

お好み焼きの「アレ」なんて呼ぶ？

お好み焼きに欠かせない写真の「アレ」。関西では「テコ」「コテ」が主流。「ヘラ」「かえし」と呼ぶ地域も。

MENU
焼きフロマージュ
2600円

軽快なお好み焼きの食感と濃厚チーズの味わいにファンも多数！

チーズフォンデュ風ソースがたっぷり
ふわふわスフレ感触も◎

白ワインと生クリーム入りチーズフォンデュソース

エメンタールチーズ＆グリエールチーズをブレンド

タマネギをワインで煮詰めた甘酸っぱいソース

「洋」の要素が光るお好み焼き
Vin樹亭
ヴァンじゅーてい

ワインと相性のよい鉄板料理などを提供する、北新地の大人の隠れ家。洋のエッセンスを取り入れた名物料理の焼きフロマージュとワインをじっくりと味わって。

🏠 大阪市北区曽根崎新地1-2-24 ニューウメダビル1F ☎ 06-6347-1017
🕐 18:00〜23:00(LO22:00) 休 日曜、祝日 🚇 JR北新地駅11-21番出口から徒歩3分

北新地 ▶ MAP 別P.9 D-3

ココが違うで！
ふわりとしたお好み焼きにワインで煮詰めた甘酸っぱいソース、さらに2種類のチーズをたっぷりトッピング

コレも食べてみて！
ブルーチーズねぎ焼き
2900円

すじこん入りねぎ焼きと香り高いブルーチーズは意外なおいしさ

朝5時まで営業もうれしい
やきやき鉄板 ぼんくら家 千日前店
やきやきてっぱん ぼんくらや せんにちまえてん

山芋たっぷりのふわトロ食感にこだわるお好み焼きが名物。個性豊かな鉄板メニューも豊富に揃う。朝5時まで営業しているので深夜でも大阪名物を楽しめるのがポイントだ。

🏠 大阪市中央区千日前2-6-3
☎ 06-6631-0503
🕐 17:00〜翌5:00 (LO翌4:00)
※日曜、祝日は〜22:30 (LO22:00)
休 なし（月曜が祝日の場合、日曜は〜翌5:00、連休最終日は〜24:00) 🚇 各線なんば駅B27番出口から徒歩7分

道頓堀 ▶ MAP 別P.19 F-2

9種類の異なる味を一度に楽しむ夢のお好み焼き

MENU
ぷち焼き 9種
1848円〜

定番の豚やイカからキムチ、ガーリックなど変わり種まで楽しめる

タコ / イカ / エビ / 明太子マヨ / 豚 / チーズ / ガーリック / キムチ / ネギ

ココが違うで！
バラエティ豊富なぷち焼きは、一度に色々な味を楽しみたいグループで注文するのがおすすめ

コレも食べてみて！
あほぼん焼き
2398円

プリプリ食感の「天使の海老」をまるっと使った贅沢なお好み焼き

小麦粉と水、酒で練った生地を薄くのばして焼いた「ふの焼き」がお好み焼きの原型の一つと呼ばれている。

EAT / お好み焼き / たこ焼き / 串カツ / うどん / スパイスカレー / 焼肉 / 大阪グルメ / 夜ごはん＆飲み / 朝ごはん / カフェ＆スイーツ

EAT 03

なにわB級グルメのKING OF KINGS！

王道たこ焼きコレクション

歯ごたえのいいタコとダシの風味がきいた生地が命のたこ焼きは、大阪が誇る"キングオブコナモン"。まずは地元の人もこよなく愛する名店の味を確かめよう！

ココが こだわり！
シャキシャキ食感を生み出すネギはなんと約45gとたっぷり

ネギマヨ 6個 670円
ネギとマヨネーズのコンビネーションが見事

高架下の人気店
行列が常に絶えない

たこ焼き 6個 570円
上品なダシの風味を楽しむならまずはそのままで

1 高温で熱した鉄板に生地を手際よく流し込む
2 くるりと回す華麗な職人技も見どころ

外はカリッと中はトロッと焼き上げる

生ダコならではのプリッと食感
はなだこ

新梅田食道街の大阪駅側入口にある人気たこ焼き店。あえてゆでずにタコを入れ、高温で焼き上げることでプリッとした食感を実現。

🏠 大阪市北区角田町9-16 新梅田食道街1F ☎06-6361-7518 ⏰10:00〜22:00 (LO21:45) ※売り切れ次第終了 休無休 🚉JR大阪駅御堂筋南口からすぐ

梅田 ▶MAP 別 P.18 B-2

弾力ある食感の秘密は「二度焼き」にあり！

ソースはお好みで

できたてのたこ焼きはセルフでソースをぬって！

ココが こだわり！
おすすめは持ち帰り。時間が経つとダシの旨さがさらに引き立つ

たこ焼き 8個 520円
唯一無二のモチモチ食感にファンも多い

焼き上がるまで少し待ってね〜

親子でたこ焼きを作る店先での光景も日常に

親子3代続く老舗の味
うまい屋
うまいや

昭和28(1953)年の創業時から親子3代にかけて築かれた製法を伝承。カツオダシとタコの旨みがきいたたこ焼きは長年通いつめるファンも多い。

🏠 大阪市北区浪花町4-21 ☎06-6373-2929 ⏰11:30〜18:30 休火曜 🚉地下鉄天神橋筋六丁目駅13番出口から徒歩3分

天満 ▶MAP 別 P.21 D-1

42

WHY

どうしてタコを入れるの?
たこ焼きの原型・ラヂオ焼きを提供していた会津屋が、明石焼きからヒントを得てタコを入れたのが始まり。

たこ焼きが丸い理由は?
どこから爪楊枝を刺しても形を崩すことなく、おいしく食べられるようにするためだとか。

EAT / お好み焼き / たこ焼き / 串カツ / うどん / スパイスカレー / 焼肉 / 大阪グルメ / 夜ごはん&飲み / 朝ごはん / カフェ&スイーツ

ココが こだわり!
ソースや青のりは不使用。たこの風味をダイレクトに感じられる

香り高いカツオダシがきいた これぞ「元祖たこ焼き」

元祖たこ焼き 12個 700円
お好みで酢醤油や一味と組み合わせてみて

元祖ラヂオ焼き 12個 850円
牛スジコンニャクが味わい深いメニュー

たこ焼きはココが発祥
会津屋 なんばウォーク店
あいづや なんばウォークてん
昭和8(1933)年創業。たこ焼き発祥の店。カツオダシと醤油を用いた生地を外はサクッ、中はトロっとした食感に仕上げる。

🏠 大阪市中央区千日前1丁目なんばウォーク5-8号(なんばウォーク3番街南通り) ☎06-6212-1132 ⏰11:00~22:00(LO21:30) 休施設に準ずる 🚇地下鉄なんば駅北改札口から徒歩5分
なんば ▶MAP 別P.19 F-2

秘伝のWスープがキラリ!
あべのたこやき やまちゃん 梅田LUCUA店
あべのたこやき やまちゃん うめだルクアてん

阿倍野区に本店を構える人気店。果物や野菜など約10種類の素材で作る鶏ガラスープと、和風ダシをブレンドした旨みたっぷりの生地が自慢。

🏠 大阪市北区梅田3-1-3 ルクアイーレ地下2F ☎06-6151-2497 ⏰11:00~23:00(LO 22:30) 休施設に準ずる 🚇JR大阪駅中央口からすぐ
JR大阪駅 ▶MAP 別P.18 A-2

秘伝のダシを使った生地は 一度食べるとクセになる

ココが こだわり!
高温で焼くことでスープの風味がより際立つ

濃厚Wチーズ 8個 930円
チーズソース&チェダーチーズ粉が濃厚!

たこ焼き ベスト 6個 570円
熟練の職人が手焼きしてカリトロ食感を実現

ココが こだわり!
熱伝導率の高い専用銅板でカリトロ食感に

タコの旨みとだし 塩味が効いた生地が絶品!

たこ焼ソース 8個 650円
フルーティーなわなか特製ソースも美味!

おおいり 8個 700円
ソース、ネギ塩、醤油かつお、期間限定

ダシがきいた旨みたっぷりの味
たこ焼道楽 わなか 千日前本店
たこやきどうらく わなか せんにちまえほんてん

なんばグランド花月(⇒P.106)隣にある芸人さんのファンも多いたこ焼き店。タコの旨みとダシがきいたたこ焼きは、口の中でとろける王道の食感が魅力だ。

🏠 大阪市中央区難波千日前11-19 ☎06-6631-0127 ⏰10:30~21:00(土・日曜、祝日は9:30~) 休無休 🚇地下鉄なんば駅3番出口から徒歩5分
なんば ▶MAP 別P.19 E-2

たこ焼き通を目指すなら、まずはソースなどぬらずにそのまま食べる「素焼き」でダシの風味を楽しんで♪

EAT 04

見た目も味も華麗に進化
思わずときめくトレンドたこ焼き

定番のたこ焼きもいいけれど、オリジナルのアレンジが光るトレンドたこ焼きも試してみたいもの。「たこ焼き愛」がより深くなるセルフ焼きにトライするのも楽しそう♪

タコがドーンとはみ出す本店だけのオリジナル！

■ 名物びっくりたこ焼　2040円
たこ焼きからタコがはみ出す本店限定の人気メニュー

ぷりっぷりの食感を持つたこにも驚く！

巨大なタコ看板が目印！
たこ家道頓堀くくる 道頓堀本店
たこやどうとんぼりくくる どうとんぼりほんてん

道頓堀界隈で屈指の人気を誇る明石焼きとたこ焼きの店。たこ焼きから元気よく飛び出すタコの足に目がくぎづけの「びっくりたこ焼き」は、本店限定のメニュー。

🏠 大阪市中央区道頓堀1-10-5 白亜ビル1階
☎ 06-6212-7381　⏰ 12:00〜23:00（土曜は11:00〜、日曜、祝日は〜22:00）　🚫無休
🚇 地下鉄なんば駅14番出口から徒歩4分
[道頓堀]　▶ MAP 別P.19 D-1

■ ロシアンルーレット焼　1180円
アタリには激辛ワサビがたっぷり！ドキドキを楽しんで

■ 玉屋ざんまい　750円
8種類のバリエ豊富なたこ焼きを一度に味わえる人気メニュー

「海老の王様」の絶品ダシ
玉屋 本店
たまや ほんてん

オマールエビなど20種類以上の食材を3日間かけて煮込んだ、旨みたっぷりのダシが自慢。まずは素焼きでダシの風味を。多彩なトッピングとの相性も試して。

🏠 大阪市北区国分寺1-3-4　☎ 06-6358-0866　⏰ 11:30〜21:00（LO20:00）　🚫不定休　🚇地下鉄天神橋筋六丁目駅2番出口から徒歩3分
[天神橋筋商店街]　▶ MAP 別P.21 E-1

バリエも豊富で、どれから食べるか迷う！

オマールエビのダシも光る8種のユニークたこ焼き

ユズ七味 / 素焼き / ネギポン酢 / 岩塩マヨ / 紅ショウガ / チーズカレー / ネギダレ / しょうゆ / ソースマヨ

WHY 大阪の家庭に「たこ焼き器」はどれくらいあるの？

ある製粉メーカーの調査によると、大阪のたこ焼き器保有率は9割！ 家庭でも人気のメニューだ。

塩マヨネーズ
6個 700円
ダシの風味を引き立てる塩とマヨネーズの相性抜群！

ときめきPOINT
香ばしい醤油の香りにテンションもUP！

秘伝ダシのたこ焼きと日本酒に酔いしれて♪

たこ焼きと相性抜群な日本酒も豊富に用意

炙りしょうゆ
6個 800円
醤油とマヨネーズをかけたたこ焼きをバーナーで炙って提供

たこ焼きと日本酒の「マリアージュ」
たこ焼きバル 徳次郎 本店
たこやきバル とくじろう ほんてん

オーナーだけがレシピを知る特製ダシと、刺身でも食べられる鮮度の真ダコを使用。バラエティ豊富な創作たこ焼きと日本酒のペアリングを提案する。

🏠 大阪市西区江戸堀1丁目4-21
☎ 06-6447-0153　⏰ 17:00～24:00(土曜は12:00～、日曜は～22:00)　休 不定休　🚇 地下鉄肥後橋駅6番出口からすぐ

【淀屋橋】
▶ MAP 別P.11 D-2

蛸之徹焼（海老・肉・タコ）
930円
3種の具材が一度に楽しめる人気メニュー。それぞれの風味の違いを感じて

気分はたこ焼き職人！未経験者も大歓迎！

ときめきPOINT
職人が厳選した良質な食材にも注目を

秘伝の生地の流し込みはスタッフがしてくれる

「セルフ焼き」の草分けの店
蛸之徹 KITTE大阪店
たこのてつ キッテおおさかてん

昭和54(1979)年創業の「自分でたこ焼きを焼いて食べる店」。スタッフがサポートを行うので初心者も安心して楽しめる。

🏠 大阪市北区梅田3-2-2 KITTE大阪 4F
☎ 06-6345-0301　⏰ 11:00～23:00(最終入店22:00、LO22:15)　休 施設に準ずる　🚇 JR大阪駅西口直結

【梅田】
▶ MAP 別P.18 A-3

蛸之徹 KITTE大阪店では、コーンやチーズ、パインが入るトロピカル焼790円などの、変わり種メニューも用意。

EAT / お好み焼き / たこ焼き / 串カツ / うどん / スパイスカレー / 焼肉 / 大阪グルメ / 夜ごはん&飲み / 朝ごはん / カフェ&スイーツ

45

EAT 05

ソースは二度づけ禁止！
揚げたての串カツをほおばろう！

大阪ローカルグルメで忘れてならない串カツ。まずは新世界で地元民に支持される名店へ。アクセスしやすいキタやミナミにも串カツのうまい店があるので要チェック！

国産素材へのこだわりと変幻自在な衣のつけ方に注目！

山芋入りの生地はフワフワ食感。マイルドなソースにつけて味わって

- れんこん 240円
- 生しいたけ 240円
- 牛肉 390円(3本)
- 焼きあなご 240円
- 海老 500円

タヌキの看板がお出迎え！

WHAT IS 串カツ
牛肉や野菜、魚介などを串に刺して揚げたもの。大正末期から昭和初期にかけて新世界で誕生したといわれる

新世界 since 1947
ふわり軽やかな口当たりの串カツ

八重勝
やえかつ

ジャンジャン横丁にある人気串カツ店。国産素材にこだわる串カツは、具材への衣のつけ方にも変化をつけることで、素材本来の食感を楽しめるように仕上げている。

- 📍 大阪市浪速区恵美須東3-4-13
- ☎ 06-6643-6332
- 🕐 10:30〜LO20:30
- 休 木曜、月1回水曜
- 🚇 地下鉄動物園前駅1番出口から徒歩2分

新世界 ▶MAP 別P.17 D-2

予約 不可
テイクアウト 可

コチラもオススメ！
えびもち 2個 240円

開店前から列ができる。時間に余裕を持って行きたい

ここにもコダワリ！
2020年にリニューアルされた店舗はピカピカで居心地も抜群！

初めてでも大丈夫！串カツを楽しむポイント3つ

point 1 各店こだわりのソースを味わうべし。二度づけは厳禁！

point 2 衣づけや揚げなど華麗な職人技に目を奪われるべし！

point 3 定番の牛や海老以外にもユニークなネタにも挑戦すべし！

難波

OOKINI!
since 1929

ここにもコダワリ！
厳しい条件をくぐり抜けた「揚げ師」が最高の串カツを提供！

サクッ！モチッ！食感があとを引く
創業昭和四年新世界元祖
串かつ だるまなんば本店
そうぎょうしょうわよねんしんせかいがんそくしかつ だるまなんばほんてん

独自に開発したヘット（牛脂）油とキメの細かい衣にこだわる串カツは、クセのないカラッとした軽快な食感。創業から守り続けるやや甘めのソースと相性抜群だ。

- 🏠 大阪市中央区難波1-5-24
- ☎ 06-6213-2033
- 🕐 11:30〜22:30 (LO22:00) ※土・日曜、祝日は10:30〜
- 🚫 無休
- 🚃 各線なんば駅14番出口から徒歩5分

道頓堀 ▶ MAP 別P.19 E-1

串かつ 143円〜
予約 可 / テイクアウト 可
コチラもオススメ
予約は平日のみ、4名〜のみ対応可能
串こめ 143円

揚げ置きの串カツは揚げ直しもOK！
コチラもオススメ
若鶏 210円
たまねぎ 160円
いか 160円
まぐろ 180円
紅しょうが 160円
注文で揚げたての串カツもいただける

ここにもコダワリ！
立ち飲みスタイルでサクッとお財布に優しい価格もグッド！

梅田
since 1948

地元民から絶大な支持を集める名店
松葉総本店
まつばそうほんてん

ルクア大阪やエキマルシェ大阪UMESTにも展開する老舗串カツ店。揚げ置きスタイルの串カツは、スタッフにお願いすれば再度揚げてもらうことも可能だ。

予約 不可 / テイクアウト 可

- 🏠 大阪市北区角田町9-25 新梅田食道街1F
- ☎ 06-6312-6615
- 🕐 14:00〜22:00 (LO21:30) ※土・日曜、祝日は11:00〜21:30 (LO21:00)
- 🚫 無休
- 🚃 阪急大阪梅田駅中央改札口から徒歩2分

梅田 ▶ MAP 別P.18 B-2

梅田
since 1946

丸得セットはマストでオーダー！
串かつの店 ヨネヤ 梅田本店
くしかつのみせ ヨネヤ うめだほんてん

注文が入ってから揚げるから、いつでも揚げたてアツアツ・サクサクを味わえる。平日17時までの限定メニュー、生中または純ハイと串かつ4本の「丸得セット」980円が人気。

- 🏠 大阪市北区角田町梅田地下街2-5 ホワイティうめだ ノースモール1
- ☎ 06-6311-6445
- 🕐 11:00〜21:30 (LO20:55)
- 🚫 奇数月の第3木曜
- 🚃 阪急大阪梅田駅中央改札口から徒歩3分

梅田 ▶ MAP 別P.18 C-2

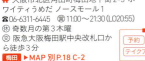

ここにもコダワリ！
伝統のソースはお客様専用バットで。嬉しい"二度づけ"し放題！

新鮮な素材とサックリ衣 月替わりメニューもオススメ！
えび 240円
きす 180円
牛かつ 160円
青と 130円
まぐろ 150円
毎月替わるメニューもお楽しみに！
予約 不可 / テイクアウト 可
梅田本店限定
食感のよさにもこだわる串カツ

コロナ禍以降はソースの共有が御法度に。マイソースを用意してくれる店が定番となっている。

EAT / お好み焼き / たこ焼き / 串カツ / うどん / スパイスカレー / 焼肉 / 大阪グルメ / 夜ごはん&飲み / 朝ごはん / カフェ&スイーツ

EAT 06 あんな具材やこんな具材も
次世代串カツに胸キュン♡

なにわの庶民グルメの代表「串カツ」が華麗に進化！旬の鮮魚など高級食材も使った創造性あふれる串カツを味わうのもGood！串カツのトレンドを五感で試して！

ココが進化！
フレンチの天ぷら「ベニエ」の生地を使用。サクッと上品な串揚げを堪能できる

串カツとも天ぷらとも違うフランス料理"ベニエ"

MENU ディナーコース 7700円
肉や魚介、野菜などのベニエに前菜、スープ、デザートなどで構成

心ときめく美しいベニエをコースで楽しも

素材と生地、ソースが生み出すハーモニーを堪能

話題の"ウメシバ"に誕生

フレンチ串揚げ BEIGNET 大阪・ウメシバ
フレンチくしあげ ベニエ おおさか・ウメシバ

ワインによく合う上品な串揚げ、フレンチの天ぷら「ベニエ」の生地を使用。サクッと軽い上品な串揚げを、目の前で揚げるライブ感が人気のカウンター席などでいただける。

🏠 大阪市北区芝田2-5-6 ニュー共栄ビル1F ☎06-6292-2626 🕕18:00〜22:00 休月・火曜 🚉阪急大阪梅田駅茶屋町口から徒歩5分
JR大阪駅 ▶MAP別 P.18 A-1

チーズなど素材にもこだわったベニエは串カツとはまた違った魅力が

胸キュン フードファイターが作るBIGな串カツ！

- ジャイアントなす・530円
- ジャイアントウインナー・530円
- ジャイアントハンバーグ・530円
- ジャイアントかまぼこ・530円
- ジャイアントだし巻き・530円

ココが進化！ ジャイアント白田さんにちなんだ超ビッグサイズの串カツは食べ応えも◎

なすを一本まるっと揚げたジャイアントなすは食べ応えも◎！

MENU 大阪名物どて焼き 480円
甘めのみそだれで牛すじをトロトロになるまで煮込んだ逸品

おおきに！

フードファイターが作る理想の串カツ
串カツ しろたや 南海通り店
くしかつ しろたや なんかいどおりてん

フードファイター・ジャイアント白田さんが串カツ店を食べ歩いてたどり着いた理想の串カツを提案。だし巻きやハンバーグなど具材もユニークな「ジャイアント串」は必食！

🏠大阪市中央区難波3-1-23 N2PLACE1階
☎06-6644-5035 ⏰12:00〜16:00(LO15:30)、17:00〜23:00(フードLO22:00、ドリンクLO22:30) 休無休
🚇各線なんば駅11番出口から徒歩3分
なんば ▶MAP別P.19 E-2

ココが進化！ ガラス張りの将棋クラブが串カツ店に進化！当時の趣も感じられる空間で串カツを味わえる

軽快な食感の串カツ
王将倶楽部
おうしょうくらぶ

新世界・ジャンジャン横丁の将棋クラブが串カツ店に。「新世界で一番軽い串カツ」と看板にある通り、サクサクと軽い食感が心地良い。旬の高級素材を使った創作串が人気。

🏠大阪市浪速区恵美須東3-4-9
☎06-6556-9464 ⏰12:00〜22:00 ※土・日曜、祝日は11:30〜 休不定休 🚇地下鉄動物園前駅1番出口から徒歩4分
通天閣 ▶MAP別P.17 D-2

胸キュン 将棋クラブ⇒串カツ店に店ごと華麗に進化！

MENU 王将十種盛 2700円
有頭エビやウナギ、サーモンイクラ親子串などを楽しめる

「王将倶楽部」は、店内のテーブルなどに将棋クラブ時代の将棋台を流用。当時の雰囲気も感じられる。

EAT / お好み焼き / たこ焼き / 串カツ / うどん / スパイスカレー / 焼肉 / 大阪グルメ / 夜ごはん&飲み / 朝ごはん / カフェ&スイーツ

49

EAT 07

老舗から個性派まで逸品揃い
激戦区！大阪で食べたい絶品うどん

麺、ダシ、具材のバランスがよく、モッチリとした食感が大阪うどんの特徴。大阪発祥のきつねうどんを提供する店や、ダシが有名な道頓堀の人気店など、一度は行きたい名店揃い！

WHAT IS 大阪発祥のきつねうどん
うさみ亭マツバヤで添え物として出したいなり寿司の油揚げを、客がかけうどんにのせたことがきつねうどんの始まりと伝わる

丼からはみ出すサイズのおあげさん！

冷めないうちにめしあがれ〜

Ⓐ コレもおすすめ！
うどんとおじや、たっぷりの具が入ったおじやうどん850円

きつねうどん 650円
甘辛いお揚げとつるもち食感の麺の組み合わせがパーフェクト

思わず飲み干す上品＆薄味な大阪のダシ

アツアツフウフウ♨

コレもおすすめ！

鴨肉、焼き穴子、椎茸うま煮などが入った鍋焼きうどん1500円

きつねうどん 930円
黄金色に輝くダシは初代の妻が考案。1日約40回もひくそう

Ⓑ

Ⓐ こだわりも光る元祖きつねうどん
うさみ亭マツバヤ
うさみていマツバヤ

明治26（1893）年創業。きつねうどん発祥の店として知られる。北海道稚内産昆布や熊本県産小麦粉をはじめ、食材は産地から取り寄せるのがこだわり。

🏠 大阪市中央区南船場3-8-1
☎ 06-6251-3339
🕐 11:00〜18:00
🗓 日曜
🚇 地下鉄心斎橋駅1・2番出口から徒歩7分

心斎橋 ▶MAP 別P.13 E-2

Ⓑ "ダシの今井"で知られる名店
道頓堀 今井 本店
どうとんぼり いまい ほんてん

道頓堀商店街の一角にある老舗うどん店。北海道産天然真昆布とサバ・ウルメ節を使用したダシが自慢。太めのふっくらやわらかな麺に絡んだうどんは絶品。

🏠 大阪市中央区道頓堀1-7-22
☎ 06-6251-3339
🕐 11:30〜21:30（LO21:00）
🗓 水曜（祝日の場合は営業）、第4火曜（12月を除く）
🚇 各線なんば駅14番出口から徒歩5分

道頓堀 ▶MAP 別P.19 E-1

牛肉の旨みが染みこんだダシにえびす顔

芸人さん絶愛の名物メニュー

コレもおすすめ！
肉吸い 800円。カツオと牛肉の旨みが染みたダシはクセになるおいしさ

なんばグランド花月内の「べっかん」もあるよ

千とせ べっかん
ちとせ べっかん

🏠 大阪市中央区難波千日前 11-6 なんばグランド花月 1F ☎ 06-6633-2931 ⏰ 11:00～20:00(LO19:30) ※売り切れ次第終了 休 無休 🚇 各線なんば駅3番出口から徒歩5分

なんば ▶ MAP 別 P.19 F-3

肉うどん
900円
麺が見えなくなるほど牛肉がたっぷりのった贅沢なメニュー

大阪グルメと讃岐麺がまさかの共演！

ちく天玉ぶっかけ
並 850円
大きなちくわ天と半熟玉子天がのった、「釜たけ」の名物メニュー

牛肉ラバーはコレがおすすめ

コレもおすすめ！
牛肉の旨みがうどんの味に拍車をかける肉ぶっかけ(並) 1150円

「麺なし」が人気メニュー
千とせ 本店
ちとせ ほんてん

多くの芸人に愛され続ける麺処で、肉うどんから麺を抜いた肉吸いが名物。豆腐を入れてアレンジしたり卵かけごはんと合わせたり、自分好みに味わって。

🏠 大阪市中央区難波千日前 8-1 ☎ 06-6633-6861 ⏰ 10:30～14:30(売り切れ次第終了) 休 火曜 🚇 各線なんば駅3番出口から徒歩5分

なんば ▶ MAP 別 P.19 F-3

「ちく天玉ぶっかけ」が名物
釜たけうどん 新梅田食道街店
かまたけうどん しんうめだしょくどうがいてん

「大阪讃岐うどん」の草分け的存在として知られるぶっかけうどんの専門店。もっちりコシの強い麺と濃いめのダシが絡まるおいしさにファンが多い。

🏠 大阪市北区角田町 9-25 JR大阪駅高架下 新梅田食道街 1F ☎ 06-6363-7746 ⏰ 11:00～売り切れ次第終了 休 無休 🚇 阪急大阪梅田駅中央改札口から徒歩3分

梅田 ▶ MAP 別 P.18 B-2

やわらかな麺の中にモチっとした食感を残す「大阪讃岐うどん」は、大阪うどんの新たな柱として人気を集める。

EAT｜お好み焼き｜たこ焼き｜串カツ｜うどん｜スパイスカレー｜焼肉｜大阪グルメ｜夜ごはん&飲み｜朝ごはん｜カフェ&スイーツ

EAT 08

味も香りももはや芸術品！
大阪スパイスカレーの名店を巡ろう！

MENU
キーマカレー
（グレープフルーツジュース付）
1000円

シシトウの苦味とスパイスの香りが食欲を引き立てる！

素揚げシシトウとセットで！

シシトウのアクセントも心憎い大阪スパイスカレーを代表する一皿

コレがこだわり！
肉や香味野菜、ハーブでとったブイヨンに30種類以上のスパイスを使用。シシトウを時々かじり、苦味を感じながら食べると香りや味もより際立つ

OOKINI！

大阪スパイスカレーのパイオニア
Columbia8 北浜本店
コロンビアエイト きたはまほんてん

大阪スパイスカレーの草分けとして、平成21（2009）年にオープン。店主・オギミ〜ル☆さんが独自で生み出したスパイスカレーにリピーターも多数。

🏠 大阪市中央区道修町1-3-3 エビス道修町ビル2F
☎ 06-6203-7788
🕐 11:00〜LO15:00
📅 日・月曜、祝日
🚇 地下鉄北浜駅5番出口から徒歩3分
`北浜` ▶MAP 別P.21 D-3

有名グルメガイドブックに掲載された実績もある。東京や那覇にも支店を構えるスパイスカレーの名店。ランチタイムのみ営業

欧風でもインド風でもタイ風でもない独自の発展を遂げた「大阪スパイスカレー」。スパイスを巧みに使った独自の味わいは、大阪の新たな食文化に。おすすめの3店をご紹介！

WHAT IS 大阪スパイスカレー

「カシミール」など有名カレー店を源流に、常連客だった人たちが世界各地のスパイスを使った独自の味を開発した。

MENU
日替わり
3種カレー
1500円

4種類あるその日のカレーからお好み3種類をチョイス。ランチタイム限定

スパイスの世界に酔いしれて。

芯のあるブイヨンと和のダシが絶妙にマッチ

ここがこだわり！
和風ダシとスパイスを巧みに組み合わせた独創性豊かなカレーが評判。毎日食べても飽きないおいしさ

旧ヤム邸 中之島洋館
きゅうヤムていなかのしまようかん

アンティークな雰囲気の空間も魅力

空堀にある人気カレー店「旧ヤム邸」の2号店。スパイスと、昆布やシイタケ、カツオなどからとった和のダシで作る独創的なカレーを、大正ロマン漂う空間でいただける。

🏠 大阪市北区中之島3-6-32 ダイビル本館 2F
☎ 06-6136-6600
🕐 11:30～15:30 (LO15:00)
🚫 日曜、祝日
🚉 京阪渡辺橋駅2A出口直結

中之島 ▶ MAP P.10 B-1

「西洋に憧れている大正時代の日本の家」をコンセプトにした店内。西洋アンティークやシャンデリアがかわいい雰囲気！

大阪スパイスカレーの歴史を紡ぐ名店の味

鶏肉キーマをはじめ3種類の自慢の味を一皿にかけて提供

MENU
3色カリー
1200円

コリアンダーをはじめスパイスだけで作るカレー

平成18(2006)年創業以来、ファンから厚い支持を集める

ここがこだわり！
毎朝焙煎するスパイスをオリジナルの配合でブレンド。ひとつのカレーに30種類以上使用することもあるとか。スパイスLOVERならぜひ食べてみて

奥深い味わいを試してみて。

スパイス使いの妙に感動！
Bumblebee
バンブルビー

「スパイス使いの魔術師」と呼ばれる店主・藤岡恒明さんが創作するカレーが人気。スパイスのコクや複雑な辛み、フレッシュな香りが混ざり合った個性的な味わいだ。

🏠 大阪市西区西本町1-14-2 住吉ビル1F
☎ 06-6534-0894
🕐 11:00～16:00
🚫 日・月曜
🚉 地下鉄本町駅24番出口より徒歩4分

本町 ▶ MAP 別P.12 C-1

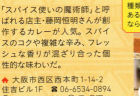

「旧ヤム邸」など有名店が軒を連ねる谷町界隈は、「大阪スパイスカレーの聖地」と呼ばれる。

EAT / お好み焼き / たこ焼き / 串カツ / うどん / スパイスカレー / 焼肉 / 大阪グルメ / 夜ごはん&飲み / 朝ごはん / カフェ&スイーツ

53

EAT 09

駅のホームまで漂う香ばしい匂い…
焼肉の聖地"鶴橋"で食べたいお得ランチ

大阪人が「鶴橋に行く」といえば焼肉を食べること。駅周辺には焼肉店が密集して香ばしい匂いがホームに漂うことも。コスパの高さもうれしいランチでお得に満喫して!

人気のカルビ定食を独自スタイルで

まるでタワーみたい

テーブル席でくつろいでいただける

MENU
黄金カルビ定食
1250円

焼いたカルビは生卵と「黄金」のタレでいただくスタイル

鶴橋駅すぐの立地もうれしい

焼肉 白雲台 鶴橋駅前店
やきにく はくうんだい つるはしえきまえてん

鶴橋駅から目と鼻の先にある人気焼肉店。ランチは厚切りハラミやクリステーキなど、人気部位を手軽な価格でいただけるメニュー充実。

🏠 大阪市天王寺区下味原町5-26
☎ 06-6774-4129　⏰ 11:30〜15:00(LO14:30)、17:00〜21:30(LO21:00) ※金・土・日曜、祝前日は〜22:00
休 火曜(祝日の場合は翌日)　各線鶴橋駅からすぐ
鶴橋 ▶MAP 別P.23 D-2

ゆったり個室で本格焼肉ランチ

ボリュームも大満足!

モダンな雰囲気漂う個室空間

MENU
黒毛和牛ハラミ定食
2500円

絶妙な厚さのハラミはやわらかく、肉の味をしっかりと感じられる

ハラミ＆タンの旨さに驚く!

本格焼肉はらみちゃん
ほんかくやきにくはらみちゃん

その日仕入れた新鮮なお肉にこだわる焼肉店。特にハラミやタンに自信あり!ランチタイムも本格焼肉ランチを個室でいただける。

🏠 大阪市天王寺区小橋町12-15-1F
☎ 06-6777-5404　⏰ 11:30〜14:30(LO14:00)、17:00〜22:30(LO22:00) ※土・日曜、祝日は〜15:00
休 無休　各線鶴橋駅から徒歩3分
鶴橋 ▶MAP 別P.7 E-1

「一頭買い」だから可能な コスパ◎のランチ

MENU
神戸牛ランチ
(1日30食限定)
3300円(ドリンク付き)
神戸牛200gを堪能！前日までの電話予約が必須の名物ランチ

前日までに要予約！

最高級和牛を低価格で満喫
焼肉鶴橋牛一 本店
やきにくつるはしぎゅういち ほんてん

神戸牛へのこだわりが光る店。オーナーが現地で選んだ牛を一頭買いすることで、上質な肉の提供とコスパを両立。創業以来変わらない手作りの秘伝のタレが旨さを引き立てる。

🏠 大阪市天王寺区下味原町2-7
☎ 06-6772-9155
🕐 11:00～22:45 (LO22:05)
🚫 無休 🚃 各線鶴橋駅からすぐ
鶴橋 ▶ MAP 別 P.23 D-2

座敷のほか、テーブル席も用意されている

食感が異なるホルモンを とことん楽しもう！

新鮮なホルモンを満喫！

ブップギ / マメ / チレ / ハツ / タンツラ / 焼レバー / 大腸 / 赤セン / ホルモン

煙を気にせず焼肉を楽しめるのもうれしい

焼肉&韓国料理が充実！
韓国ダイニング 鶴橋ホルモン本舗
かんこくダイニング つるはしホルモンほんぽ

低価格で本格ホルモンを提供できるのは、週に3回、牛ホルモンをまるごと1頭分仕入れるから。ソルロンタンやサムギョプサルなど本格韓国料理や、ヘルシーなサイドメニューの充実度も高い。

MENU
9種のホルモンランチ
1400円
味や食感の違いを楽しめるランチセット。内容は日によって異なる

🏠 大阪市天王寺区下味原町5-20
☎ 06-6773-0055 🕐 11:00～15:00、17:00～21:00 (土・日曜、祝日は11:00～21:00)
🚫 無休 🚃 各線鶴橋駅からすぐ
鶴橋 ▶ MAP 別 P.23 D-2

日本最大のコリアンタウンを抱える鶴橋。焼肉をはじめ本格的な韓国料理を堪能できる。(⇒P.140)

EAT / お好み焼き / たこ焼き / 串カツ / うどん / スパイスカレー / 焼肉 / 大阪グルメ / 夜ごはん&飲み / 朝ごはん / カフェ&スイーツ

EAT 10 自慢の逸品をいただこう

大阪の老舗名物洋食

おおきに！♪

モダンな文化も根付く大阪には、各エリアに老舗洋食店が多数点在。大阪発祥ともいわれるオムライスなど店こだわりの洋食メニューをじっくり味わって。

ヘレカツ

揚げたてのヘレカツに特製カレーソースがたっぷり

MENU
ヘレカツカレー煮込み
2400円
スパイシーなソースが食欲をそそる。ライス追加で至福のセットに

MENU
ヘレビフカツサンド
2200円
できたては湯気が立つほど温かい格別の味。テイクアウトも可

コレが自慢！
ヘレカツ
東京でいう「ヒレカツ」。牛1頭から少ししか取れないヘレ肉は、生肉のためジューシーさが際立つ

のれんをくぐるドキドキもたまらない

昔ながらの洋食メニューが揃う

グリル 梵
グリル ぼん

通天閣近くの老舗洋食店。ほんのりレア感が残るヘレカツは驚くほどやわらかく、肉の旨みを堪能できる。レトロな店内や丁寧な接客も心地よい。

🏠 大阪市浪速区恵美須東1-17-17
☎ 06-6632-3765　🕐 12:00～14:30(LO14:00)、17:00～19:30(LO19:00)
📅 毎月6・16・26日、月1回不定休※6の付く日が土・日曜の場合は翌月曜休み　🚇 地下鉄恵美須町駅3番出口から徒歩2分

新世界 ▶ MAP 別P.17 D-1

ハンバーグ

行列覚悟でも食べたい！

あふれる肉汁

MENU
ハンバーグステーキ（180g）
1300円
肉汁が口いっぱいに広がり、照り焼き風ソースとの相性も抜群

一度は味わいたい創業時からの看板メニュー

文豪も愛したミナミの名店

欧風料理 重亭
おうふうりょうり じゅうてい

昭和21(1946)年創業。親子3代で訪れる常連客も多く、文豪・池波正太郎が足しげく通った店としても有名。令和6(2024)年3月に店内をリニューアル。

おもてなしの心を受け継ぎます

🏠 大阪市中央区難波3-1-30
☎ 06-6641-5719　🕐 11:30～15:00(LO14:30)、17:00～20:00(LO19:30)
📅 水曜（その他不定休あり）　🚇 各線なんば駅11番出口から徒歩3分

なんば ▶ MAP 別P.19 E-2

コレが自慢！
ハンバーグステーキ
筋や脂身を手作業で取り除きミンチに。表面をこんがり焼いて肉汁を閉じ込める

オムライス

日本で生まれたオムライスはココが発祥のお店

WHAT IS 大阪の洋食

古くから商工業が発達した大阪は、大正〜昭和初期には洋食文化も根付き、現在に至るまで営業を続ける老舗も点在する。

中庭付きの純和風建築

100年以上続く名物洋食

北極星 心斎橋本店
ほっきょくせい しんさいばしほんてん

大正11(1922)年に洋食店の草分けとして創業。先代店主が胃の悪い常連客を気遣って考案した、ケチャップライスを卵で包んだオムライスはココが発祥。居心地のよい和風建築の店内も魅力だ。

🏠 大阪市中央区西心斎橋2-7-27
☎ 06-6211-7829(予約不可) 🕐 11:30〜21:30 休 無休 各線なんば駅25番出口から徒歩5分

心斎橋 ▶ MAP 別P.13 D-3

MENU
スタンダードオムライス
1000円〜
ハム、チキン、きのこ、ビーフ、カニ、エビから具材を選べる

コレが自慢!
オムライス
かために炊いた米と酸味を抑えたトマトソースがベストマッチ。口直しの紅ショウガも◎

カレーライス

大阪の名物カレー

黄身を潰して混ぜる、これが大阪の伝統カレー

生卵入りの混ぜ混ぜカレー

せんば自由軒
せんばじゆうけん

昭和45(1970)年に創業者の五男・吉田憲治氏が独立して開業。秘伝のダシをベースに作るインデアンカレーはスパイシーながら卵がまろやかさをプラス。

🏠 大阪市中央区船場中央3-3-9B-203(船場センタービル9号館地下2階) ☎ 06-6251-3428 🕐 11:00〜15:00(LO14:30)、17:00〜21:30(LO21:00) ※土曜11:00〜15:00(LO14:30) 休 日曜、祝日 地下鉄本町駅10番出口直結

本町 ▶ MAP 別P.13 E-1

コレが自慢!
カレーライス
カレーに卵とソースを加えて混ぜるスタイルは大阪では定番の食べ方。一度試して。

MENU
名物インデアンカレー
680円
コクがあり甘さの後から辛さが追いかけてくる独特の味わいが特徴

名物インデアンカレーの食べ方

スパイシーな香りにときめいたら…　ソースをかけて　黄身を潰して

日本初の粉末即席カレーや世界初の市販レトルトカレー、インスタントラーメンも大阪が発祥。

EAT / お好み焼き / たこ焼き / 串カツ / うどん / スパイスカレー / 焼肉 / 大阪グルメ / 夜ごはん&飲み / 朝ごはん / カフェ&スイーツ

EAT 11

新鮮な海の幸＆山の幸がズラリ！
大阪産(もん)の食材は実力派揃い

コレが大阪産！
大阪湾の魚介類
古くから「茅渟(ちぬ)の海」といわれ、好漁場として多くの魚介類が漁獲されてきた大阪湾。クロダイやアジ、サザエにハマチなど魚介類の種類も豊富で味も絶品！

鮮度抜群な地元産魚介の贅沢な造りをお得な値段で

大阪産の魚盛り合わせ
4人前5000円
「茅渟(ちぬ)の海」と呼ばれた大阪湾の新鮮な魚介を一皿に

クロダイやアジ、サザエにハマチなど魚介類の種類も豊富

生産者の思いも伝わる大阪産料理
大阪産料理 空 堀江本店
おおさかもんりょうり そら ほりえほんてん

地元の生産者の元を直接訪ね歩いて選んだ大阪素材を取り扱う店。古くから「食」にこだわる大阪ならではのクオリティに富んだ魚介類や肉類などを使用。

🏠 大阪市西区北堀江1-1-27 イマイビル1F
☎ 06-6648-8151　営 11:30～14:30(土曜は12:30～15:00)、17:00～22:00　休 日曜、祝日　交 地下鉄四ツ橋駅3番出口からすぐ
堀江 ▶MAP 別P.13 D-2

1. なにわ黒牛などの肉料理も自慢。大阪産ワインや日本酒も試して 2. 大阪産盛り合わせ5000円 3. 落ち着いた雰囲気の店内

海や山が近い大阪は、実は昔から味覚の宝庫。近年は「大阪産(もん)食材」が評価を高めています。せっかく大阪に来たなら、大阪産のうまいもんも食べてみて。

WHAT IS 大阪産(もん)食材

大阪産の野菜や果物、飼育された肉や卵、大阪湾で水揚げされた魚介類などの産物と加工品を認定したもの。

コレが大阪産！

なにわ黒牛
30ヶ月以上かけてストレスフリーで育てた雌牛で、月数頭しか出荷されない貴重な牛肉。口どけの良い上質な脂とあっさりとした後味が特徴

なにわが誇る黒毛和牛のおいしさをギュッと凝縮！

肉汁があふれそう！

極あらびきハンバーグステーキ
2480円
なにわ黒牛の甘みが染み出すおいしさはソースがいらないほど。

粗挽きのなにわ黒牛を使ったハンバーグは旨みたっぷり

裏なんばの名店の姉妹店
洋食あじと
ようしょくあじと

裏なんばの「DINING あじと」(⇒P.67)が手がける、ハンバーグ・ステーキ専門店。なにわ黒牛100％の極あらびきハンバーグは名物料理。

🏠 大阪市中央区難波5-1-18 高島屋大阪店8F
☎ 06-6633-5577
🕐 11:00～15:30(LO15:00)、17:00～20:00(LO19:00)
休 施設に準ずる
🚇 各線なんば駅4番出口からすぐ

なんば ▶MAP 別 P.19 D-3

漁港直送の新鮮な魚介を職人技が光る握り寿司で

大阪湾の旬の魚介をいただく
大阪泉佐野港 活鮨
おおさかいずみさのこうかつすし

2024年、東梅田駅近くにOPEN。大阪南部の泉佐野漁港直送のネタをはじめ、全国各地から仕入れた魚介の握りは、1貫80円～の驚きのプライスにも注目を。

🏠 大阪市北区小松原町2-4 富国生命ビルB2F
☎ 050-5462-5201
🕐 11:00～22:00(LO21:30)
休 不定休
🚇 地下鉄東梅田駅北東改札口からすぐ

梅田 ▶MAP 別 P.18 C-2

ビジュアルもきれい！

コレが大阪産！
にぎり寿司
大阪湾の新鮮な魚介をいただくなら寿司もおすすめ。タイやハモ、タチウオ、アナゴなど魚種も多彩。職人技も冴えるにぎり寿司で上品にいただこう！

握り寿司
季節の盛り合わせ 2480円
泉佐野港直送の地魚を厳選。職人の熟練技によって芸術品に

1. 職人の仕事を近くで楽しめる開放的な店内 2. 四季の厳選ネタを用いた逸品の数々 3. 大将おすすめのネタの良さを五感で感じて

毛馬胡瓜(けまきゅうり)や天王寺蕪(てんのうじかぶら)など24品目が登録された「なにわの伝統野菜」も食べてみて。

EAT 12

人気グルメを欲張りに楽しむなら
大阪"駅近"フードホールへ行こう！

「くいだおれのまち」大阪だけあって、キタの中心・梅田にはフードホールが超充実！味に厳しい大阪人も訪れる名店の味を一度に味わう、そんな贅沢な時間が叶っちゃう♪

目移りしすぎて困っちゃう！話題のグルメが駅地下に集結！

店舗数	18店舗
席数	約1000席

コンセプトは「大人のあそび場」モダンで落ち着いた空間も魅力的

店舗数	15店舗
席数	195席（共用部席）

座席数約1000席と広々！おしゃれな空間もGood！

各店舗前に共用部席があり好きなメニューを注文できる

MENU
1ポンドのステーキハンバーグタケル
タケル ＆
ハラミ ステーキコンビ
1820円

肉々しくてボリューミーなのにペロリと食べられるおいしさ

MENU
お好み焼き 清十郎
お好み焼き（豚玉）
790円

厳選素材と伝統のダシを使用した本場の味をめしあがれ

MENU
大阪・堂島 とろ家
海鮮盛り10種丼　1980円

海鮮ネタ10種類がご飯の上にたっぷり！限定10食のメニュー

MENU
CHEESE KITCHEN RACLER
ミート＆
ベジタブル盛り合わせ
1820円

肉も野菜も食べられてチーズも堪能できる看板メニュー

MENU
ヨーキーズクレープリー／ピースオブベイク
（左）ストロベリーミルフィーユ　880円
（右）クレームブリュレ　880円

モチモチのクレープ生地に旬の果物などがたっぷりのクレープ

駅直結のロケーションもうれしい
UMEDA FOOD HALL
ウメダ フード ホール

阪急大阪梅田駅の地下にあるフードホール。昼～夜まであらゆるターゲットやシーンに対応するマッチさがウリ。最新グルメやお酒を気ままに味わいつくせる。

🏠 大阪市北区芝田1-1-3 阪急三番街北館B2F
☎ 店舗により異なる
🕐 11:00～23:00（店舗により異なる）
🅿 施設に準ずる
🚃 阪急大阪梅田駅直結

梅田 ▶MAP 別P.18 B-1

多彩な料理をワンテーブルで
UMEKITA FLOOR
ウメキタ フロア

モダンな雰囲気が広がるフードホール。お好み焼きなどの大阪グルメから、スペインバルや肉料理などのおしゃれな店まで豊富。専門席のほか、共有席も約180席用意。

🏠 大阪市北区大深町4-1 グランフロント大阪6F
☎ 店舗により異なる
🕐 11:00～23:00
🅿 施設に準ずる
🚃 JR大阪駅3F改札口からすぐ

JR大阪駅 ▶MAP 別P.18 A-1

WHERE IS 大阪人絶愛の老舗フードホール

「阪神名物いか焼き」など大阪人がこよなく愛するグルメが勢揃い！昭和53(1978)開業の老舗フードホールも訪れたい。

阪神梅田本店 スナックパーク
はんしんうめだほんてん スナックパーク

- 大阪市北区梅田1-13-13 阪神梅田本店 B1F
- ☎ 06-6345-1201
- ⏰ 10:00～21:00(20:30)
- 休 不定休
- 🚉 阪神大阪梅田駅からすぐ

梅田 ▶MAP 別 P.18 B-2

実力派の人気店が1フロアにズラリ

店舗数 8店舗
席数 約300席

開放感のあるスペースで食事を楽しめる

MENU
北新地はらみ
はらみ重（並）
2380円

特製タレにくぐらせ高温でカリッと焼き上げたはらみ肉がオン！

MENU
ボタニカリー
ボタニカリー×シュリンプカリー
1330円

ボタニカリーとシュリンプカリーをあいがけした人気メニュー

個室空間で食事もできる
阪神大食堂 フードホール
はんしんだいしょくどう フードホール

注目の肉料理店やスパイスカレーの有名店などスターレストランが集合。サービス係が付く「プレミアムルーム」（要予約・1テーブル利用料1000円）にも注目。

- 大阪市北区梅田1-13-13 阪神梅田本店 9F
- ☎ 06-6345-1201
- ⏰ 10:00～22:00(LO21:30)
- 🚉 阪神大阪梅田駅からすぐ

梅田 ▶MAP 別 P.18 B-2

女子も行きやすいおしゃれな空間も素敵☆

店舗数 16店舗
席数 約220席

モダンな空間に約220席のシェアゾーンを用意

MENU
正宗広東私房菜 サワダ
澤田流麻婆豆腐セット
1580円

自家製の山椒辣油で香り高く仕上げた食べ応え◎のセット

MENU
大人パフェツンツンパフェ
1500円～

個性的なデザインと素材感のある甘さが特徴。夜パフェにも

ショッピングモール内のフードホール
EST FOODHALL & Restaurants
エスト フードホールアンドレストラン

ランチや買い物途中にフラリと訪れられるフードホール。シェアゾーンのほか、バルゾーン、ダイニング＆カフェゾーン、ランチ＆カフェゾーン、と複数のゾーンで構成。

- 大阪市北区角田町3-25
- ☎ 06-6371-8001
- ⏰ 11:00～23:00(店舗により異なる)
- 🏢 施設に準ずる
- 🚉 阪急大阪梅田駅3階南改札口から徒歩3分

梅田 ▶MAP 別 P.18 C-1

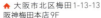
心斎橋にも「心斎橋フードホール」や「心斎橋ネオン食堂街」などがある。(⇒P.130)

EAT 13

コスパも◎な実力店が集結！
天満でワイワイ！はしご酒

おおきに！

JR大阪駅から環状線で1駅。改札口を出れば毎日お祭りのような雰囲気の天満は、駅前から飲食店が密集する人気エリア。食のジャンルも豊富な天満で、はしご酒を楽しんで。

イタリアン&天ぷら

立ち飲みスタイルのイタリアン&天ぷらでスタート！

壁を背もたれにできるカウンターの奥にテーブル席を用意

- グラスワイン(赤・白) 300円～
- 天ぷら
- 半熟卵天トリュフ風味 200円
- 舞茸 300円
- ブロッコリー 300円

ハイコスパのご陽気立ち飲み
アネロスタンド

予約必須の人気店「イタリア食堂アネロ」が手掛けるスタンド。本店では提供しない揚げ物に加え、チョイ飲みの相手にうれしい天ぷらを提供。行列覚悟でも訪れたい一軒だ。

ココがおすすめ！
酒場スタイルにアレンジされた料理は約40種類。本日のおすすめメニューも充実

ポテサラに鮮魚のカルパッチョ、厚切り鴨ロースなどが揃う前菜盛り700円は、マストで注文したいメニュー

🏠 大阪市北区天神橋5-8-9
☎ なし　🕐 17:30～23:00(LO22:00)
🚫 水曜、火・木曜不定休(Instagramで確認)　🚉 JR天満駅から徒歩5分

天満　▶MAP 別P.21 E-1

人気の箕面ビールをおしゃれな直営店舗で

箕面ビール ピルスナーハーフパイント(236ml) 520円

1. ホップの香りとすっきりとした味わいが絶妙
2. 地元特産の鴨の旨みを楽しめる逸品

河内ツムラ鴨のタタキ 800円

ビール

ココがおすすめ！
海外のビールコンテストで数多くの賞を受賞した箕面ビールを新鮮な状態で味わって

実力派ブルワリーのビールで乾杯
BEER BELLY 天満
ビアベリー てんま

全長12mのロングカウンターで、タップ&ハンドポンプ合わせて15種類の箕面ビールを味わえる。こだわりのタパスやグリル料理も充実。

🏠 大阪市北区池田町7-4
☎ 06-6353-5005　🕐 17:00～24:00
(土・日曜、祝日は15:00～)　🚫 無休
🚉 JR天満駅から徒歩3分

天満　▶MAP 別P.21 E-1

どの点心も主役級の存在感！
ポップな空間に気分もアガル！

WHERE IS 天満

天満市場周辺の「裏天満」にはビニールシートで囲われた飲食店がひしめく。アジアンテイストなスポットだ。

点心 らんけど

○ 杏仁ミルク（イタリアンリキュール×ミルク） 600円
○ 海老水餃子 600円

点心に合うお酒も豊富！
ぎょうざの求胃ちゃん
ぎょうざのきゅういちゃん

居るだけで元気をもらえるカラフルな店内が印象的。サバの旨みあふれる鯖梅紫蘇餃子や豚肉50gを使う大きな焼売などが人気。点心に合う焼酎やカクテルも揃う。

○ 焼売（4個）700円
○ 鯖梅紫蘇餃子 600円

🏠 大阪市北区天神橋5-6-23 一松食品センター内 ☎06-6351-0919 ⏰17:00〜24:00(LO23:00) ※日曜は16:00〜 休火曜 🚃JR天満駅から徒歩4分

天満 ▶MAP 別P.21 E-1

ココがおすすめ！
全14席ある店内はカウンター席がメイン。隣り合う地元の人など、思わず話が弾むことも

1.「胃」をモチーフにしたアートなどが目を引く店内 2.定番メニューの他、期間限定の点心も登場 3.カリッと焼けた餃子は味も食感のよさも◎

フィナーレは絶品焼鳥&日本酒を深夜も楽しい時間は終わらない！

○ 日本酒グラス 638円〜
○ 焼鳥
ささみ 308円 / 丸ズリ 286円 / ねぎま 352円 / せせり 319円 / ハート 275円

1.焼鳥は1本〜注文可。つくね鉄板焼き（写真奥）858円もおすすめ 2.焼鳥への研究に余念がない店主 3.深夜2時まで営業。あらかじめ電話しておくのがベター

焼鳥

ココがおすすめ！
昆布水に浸して旨みを吸わせることでさらにおいしさもアップ。火の入れ方も絶妙

繊細＆豪快な鶏料理
炭焼笑店 陽 天満店
すみやきしょうてん よう てんまてん

朝引きの新鮮な大和地鶏の持ち味を紀州備長炭で丁寧に引き出した焼鳥は、研究熱心な店主の技も光る。まずは素材と技術の結晶ともいえる「ささみ」を試して。

🏠 大阪市北区池田町6-5 大森ビル1F ☎06-6755-4644 ⏰17:00〜翌2:00(LO翌1:00) 休無休 🚃JR天満駅から徒歩3分

天満 ▶MAP 別P.21 E-1

天満は、プロの料理人も訪れる「天満市場・ぷららてんま」(⇒P.127)もある「食い倒れ」を象徴するまち。

EAT 14

エッジの効いた個性店も！
おしゃれに飲むなら福島で決まり!

天満と並んで大阪の定番飲みスポットとして人気の福島。こちらもJR大阪駅からわずか1駅。こちらは大人な雰囲気漂う店が多いのが特徴で、はしご酒にもおすすめだ。

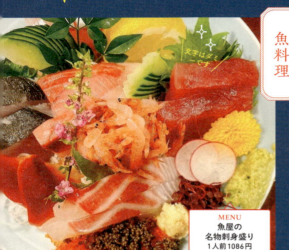

魚料理

昭和レトロと令和モダンがどこか新しい鮮魚居酒屋

MENU
生サーモンレアフライ
（数量限定）
878円

レアな食感のサーモンにタルタルソースが絶妙にマッチ！

MENU
魚屋の
名物刺身盛り
1人前 1086円

鮮度のよさもコスパも◎の人気メニュー。注文は2人前～可能

鮮度の良さが自慢の海鮮料理
魚屋 十忠八九
さかなや じゅっちゅうはっく

店内は、昭和の懐かしさと令和のモダンな雰囲気が融合。毎日市場から仕入れた新鮮な魚介料理や厳選した日本酒などを、おしゃれな空間で味わえる。

🏠 大阪市福島区福島7-2-6 ふくまる通り57
☎ 06-6455-6611
🕐 17:30～翌2:00
休 無休
🚉 JR福島駅から徒歩2分

福島 ▶ MAP P.20 B-1

MENU
うに板一枚
うにクリームパスタ
（数量限定）
3850円

高級うにを贅沢に使った、一度は食べてみたいパスタ

「居酒屋以上レストラン未満」
二階の洋品店
にかいのようひんてん

果実×鮮魚や果実×チーズなど、素材のよさを活かした創作料理を提案。低温調理の肉料理やパスタのほか、新鮮なフルーツを使ったクレープも人気を集める。

🏠 大阪市福島区福島7-1-6 2F
☎ 06-4256-5704 🕐 17:00～24:00 休 無休 🚉 JR福島駅からすぐ

福島 ▶ MAP P.20 B-1

系列店「福島呑場ヒンジ」の2階にある

創作料理

洋食と青果が生み出す華麗な料理をめしあがれ

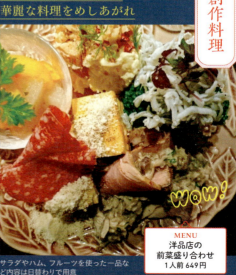

wow!

MENU
洋品店の
前菜盛り合わせ
1人前 649円

サラダやハム、フルーツを使った一品など内容は日替わりで用意

スペインの明るい雰囲気に包まれた
陽気さ100%のバルで盛り上がろう

スペイン料理

本場仕込みのスパニッシュ
BANDA
バンダ

イタリアやスペインで修行を重ねたシェフが提供する本格スペイン料理が評判の店。手頃な価格に加え、和風とスペイン風が絶妙に入り交じる店の雰囲気も魅力。

- 大阪市福島区福島7-8-6 中村ビル1F ☎ 06-7651-2252
- 15:00〜23:00（料理LO22:00、ドリンクLO22:30）
- 日曜
- JR福島駅から徒歩3分

福島 ▶ MAP P.20 B-1

MENU
パエリア
2500円

オマールエビがゴロッとIN。濃厚な海老の風味に酔いしれて

1階はバルカウンター、2階はテーブル席と使い勝手のよさも◎

有名無名問わず仕入れた美酒と
こだわり酒肴で締めくくり

日本酒

MENU
厚揚げ
616円

MENU
旬のお造り
946円

MENU
焼きみそ
616円

上質な日本酒を味わって！

MENU
日本酒
半合(90ml)726円〜

華やかな味わいから淡麗な味わいのものまでバランスよく揃える

旬のお造りや焼きみそ、厚揚げなど、日本酒にぴったりの酒肴も豊富だ

日本酒ビギナーにもおすすめ
ぽんしゅや 三徳六味 福島店
ぽんしゅや さんとくろくみ ふくしまてん

通称「うらふくしま」に店を構える。常時30種類ほど揃う日本酒は、初心者向けのものも豊富。終電の時間まで開いているので締めを飾るのにふさわしい。

- 大阪市福島区福島1-6-11 ☎ 06-6136-8236
- 17:00〜翌1:00(LO24:00) ※土曜は16:00〜24:00(LO23:00)、日曜は16:00〜23:00(LO22:00)
- 無休
- JR福島駅から徒歩6分

福島 ▶ MAP P.20 C-1

福島の一角、なにわ筋東側エリアの「うらふくしま」は、隠れたグルメ激戦区として知られる。

EAT / お好み焼き / たこ焼き / 串カツ / うどん / スパイスカレー / 焼肉 / 大阪グルメ / 夜ごはん&飲み / 朝ごはん / カフェ&スイーツ

EAT 15

和洋中多彩なジャンルが100店舗以上
大阪新定番の飲み歩きスポット「裏なんば」

なんばから日本橋の間・千日前を中心に広がる「裏なんば」は、和洋中さまざまな飲食店100店舗以上が。トレンドの人気店から地元民御用達のレストランまで要チェック！

URA-NAMBA
創作料理

ジャンルの垣根をひとっ飛び
食堂ペスカ
しょくどうペスカ

イタリアンをベースに和やエスニックの要素が光る料理を提案。日本酒や自然派ワイン、サワー、果実酒などを豊富に取り入れ、さまざまな料理とマリアージュを楽しめる。

🏠 大阪市中央区難波千日前14-18 道具屋筋横丁
☎ 050-5489-2470
🕐 17:00～24:00 休 不定休
🚇 各線なんば駅B21番出口から徒歩5分

なんば ▶ MAP P.19 E-3

調味料の使い方も巧みな変幻自在のメニューを満喫！

オープンキッチンの開放的なカウンター席を用意

平田牧場とんかつトリュフ塩 1800円
平田牧場から直送された高品質の豚肉はやわらかくてジューシー

からあげ 一夜干し (2個) 480円
一夜干しした鶏肉を使用。皮はパリパリ食感で深い味わい

鯛のカルパッチョ エスニック 1200円
日本全国から取り寄せた旬の味覚をリーズナブルに提供する

URA-NAMBA
串巻き

目も舌も幸福な野菜巻き串
やさい串巻き なるとやAo
やさいくしまき なるとやアオ

新鮮な野菜に茶美豚バラ肉をぐるっと巻いて焼く野菜巻き串が看板メニュー。串を盛り合わせた木箱から直感的にチョイスできるのも楽しみのひとつ。酒が進むアテも充実する。

🏠 大阪市中央区難波千日前14-18 道具屋筋横丁
☎ 050-5593-3609
🕐 17:00～24:00 休 不定休
🚇 各線なんば駅B21番出口から徒歩5分

なんば ▶ MAP P.19 E-3

オーガニックハーブを使ったカクテルもおすすめ

ヘルシーでつい食べちゃう新鮮野菜の串巻きをどうぞ

MENU
串巻き
198円～

レタスや長いも、トマトなどの定番から焼きそばなどの変わり串も

プルプルコラーゲンたっぷりの豚料理をまるっと食べちゃおう！

中国や台湾の雰囲気を感じられる店内も魅力的

4種のお茶とお酒を組み合わせる「茶酒」など酒類も豊富

URA-NAMBA 中華

頭から尻尾まで豚をまるまる堪能

豚中華 大阪焼売珍 千日前店
ぶたちゅうか おおさかしゅうまいちん せんにちまえてん

豚料理に特化した中華料理店。鹿児島県産の豚を使った焼売や豚足などの絶品料理を用意。お酒に合うアテからガッツリ系の一品料理まで幅広い。

🏠 大阪市中央区千日前2-3-16
☎ 06-6647-8188　⏰ 16:00〜24:00（土・日曜、祝日は12:00〜23:30）　休 不定休　🚃 各線日本橋駅5番出口から徒歩4分

なんば ▶ MAP 別P.19 F-2

盛り合わせ3種 • 1320円
レアチャーシュー、軟骨の中華南蛮などが一皿に

焼豚足 • 594円
お箸でほぐれるコラーゲンたっぷりのおいしさ

焼売(蒸) • 3個462円
まずはそのまま。辛子を添えて味変も楽しんで

楽しい夜の最後は"裏なんばの聖地"へ

MENU ローストビーフ 2480円
黒毛和牛のウチヒラ（内もものやわらかい部分）を低温調理して提供

シックな趣あふれる空間で落ち着きのある時間を過ごして

URA-NAMBA 居酒屋

裏なんばの歴史を知る名居酒屋

DINING あじと
ダイニング あじと

裏なんば草創期から続く人気店。毎日市場や産地から届く肉や魚、野菜を使った料理を提案。全国各地から仕入れた地酒やワインも揃い、クラシカルな空間で優雅に過ごせる。

特製なんこつ入りつくね • 680円
軟骨の食感が心地良いアクセントを生む逸品

あじとのカレーライス • 680円
とある来店客の声から誕生。甘さと辛さの絶妙なバランスが◎

🏠 大阪市中央区難波千日前4-20
☎ 06-6633-0588　⏰ 11:30〜14:30、17:00〜23:00　休 不定休　🚃 各線なんば駅3番出口から徒歩8分

なんば ▶ MAP 別P.19 F-3

「裏○○」は、なんば以外にも、「裏参道」「裏天満」「うらふくしま」などのスポットが注目を集めている。

EAT 16

しっかり食べてエネルギーチャージ！
とっておきの朝ごはん

朝を気持ちよくスタートできると、とっても充実した気分で活動できるはず。
少し早起きをして、いつもより特別なモーニングタイムを楽しもう！

食べるのがもったいない？彩り華やかなスモーブロー

スペシャルパフェにうっとり…♡

Morning Menu

〜10:30 ☀

モーニングスモーブロー
＆季節のパフェセット
3000円

2種のスモーブローにパフェ、ドリンク、スープがついたスペシャルセット

体が喜ぶ無添加モーニング
smørrebrød KITCHEN nakanoshima
スモーブロー キッチン ナカノシマ

中之島図書館内にあるデンマーク風オープンサンド専門店。「Farm to table」をコンセプトに、安心安全で新鮮な野菜にこだわり、体にも優しい一皿が味わえる。

🏠 大阪市北区中之島1-2-10大阪府立中之島図書館2F ☎ 06-6222-8719 ⏰ 9:00〜17:00、金・土曜は9:00〜20:00 🗓 不定休 🚃 大阪メトロ淀屋橋駅2番出口から徒歩5分

中之島 ▶MAP 別 P.11 E-1

Morning Menu

〜11:00 ☀

モーニングメニュー各種
1200円〜

食べ応えたっぷりで華やかなオープンサンドは朝食にぴったり。3種類から選べる

自家製大山鶏の鶏ハムと野菜がたっぷりのったスモーブロー

ローストビーフを北欧の伝統的なレムラードソースとともに

しゃきしゃきのロメインレタスの上で温泉卵がとろける

68

高級食パン専門店の もちふわリッチなモーニング

Morning Menu
〜11:00
フレンチトースト
メープルベーコン
1600円
フレンチトーストの上にベーコンと目玉焼きをのせた「あまじょっぱ」モーニング

濃厚卵がたまらない

パン好きが集まる人気店
嵜本ベーカリーカフェ 大坂初號本店
さきもとベーカリーカフェ おおさかしょごうほんてん

もっちり歯切れのいい食感の「極美"ナチュラル"食パン」で有名な高級食パン専門店が手がけるカフェ。多彩な食パンスイーツのほか、テイクアウトメニューも揃う。モーニングはドリンク付き。

📍 大阪市浪速区難波中2-3-18 2F　☎ 06-6634-6900　🕘 9:00〜18:00(LO17:00)、土・日曜・祝日は〜19:00(LO18:00)　㊡ なし　🚇 大阪メトロなんば駅E8出口から徒歩7分

なんば　▶MAP 別P.15 E-2

Morning Menu
〜11:00
半熟たまごの
極美サンドイッチ
1600円
卵を贅沢に使用したふんわりサンド。レモンジャムの酸味がアクセント◎

こんな場所でもモーニング

大阪には数多くカフェがあるけれど、水上でいただくほっこり朝食はいかが？

いつもの景色が新鮮に 小舟で過ごす贅沢時間

大川回遊へいざ出発！

Morning Menu
8:20 / 10:20
(1日2回出発、所要時間80分)
朝ごはん ※要予約
5200円
枚方の農園から直送された旬の野菜やフルーツをふんだんに使用。目が覚めるおいしさ！

その姿は"川に浮かぶ小さなおうち"のよう

気持ちのいい川風を感じて
御舟かもめ
おふねかもめ

定員10名の小さな船内は、アットホームな雰囲気のくつろぎ空間。ウッドデッキにはベンチやクッションが置かれ快適に過ごせる。乗り合いで初めて会った人とも、思わず会話が弾む。

OGURA YUJI / OFUNE CAMOME

まったりリラックス〜

📍 大阪市中央区天満橋京町1 八軒家浜船着場　☎ 06-7175-4200　🕘 8:20〜21:20　㊡ 不定休　🚇 京阪天満橋駅18番出口からすぐ

天満橋　▶MAP 別P.21 E-3

コーヒーのおまけにピーナッツをつけたのがモーニングの起源といわれている。　69

一度は訪れたい！
17 純喫茶の世界へ没入

昭和にタイムスリップしたような気分になれる老舗喫茶が多く残る大阪。美しい内装や昔から愛される定番メニューなど、純喫茶の魅力をたっぷりご紹介。

since 1967

レトロかわいい♡メニュー豊富な喫茶店

王道メニューがずらり

1. 思わず写真を撮りたくなるレトロなメニューサンプル 2. 時代が変わってもオーダーが絶えない人気メニュー

MENU
プリンローヤル
1100円

素朴な味わいは手作りだからこそ
喫茶ドレミ
きっさドレミ

大坂のシンボル・通天閣のそばで昭和42(1967)年に創業。フルーツパフェ、フルーツポンチ、フルーツみつ豆などカットフルーツを盛り付けた純喫茶デザートが豊富に揃う。

🏠 大阪市浪速区恵美須東1-18-8
☎ 06-6643-6076
🕙 10:00～20:00(LO19:30) 休 月・火曜
🚇 大阪メトロ恵美須町駅3番出口から徒歩3分

新世界 ▶MAP 別P.17 D-1

since 1964

装飾が輝くゴージャスな空間で昔ながらの喫茶体験を

店内どこを見ても豪華絢爛！
純喫茶 アメリカン
じゅんきっさ アメリカン

なんばで愛され続ける純喫茶の名店。装飾の数々は「ハレの日の喫茶店」として利用されてきた歴史を物語っている。創業以来、上質な素材をふんだんに使ったスイーツが人気。

🏠 大阪市中央区道頓堀1-7-4 株式会社アメリカンビル　☎ 06-6211-2100　🕙 10:00～22:00　木曜不定休　🚇 大阪メトロなんば駅15-A出口から徒歩3分

道頓堀　▶MAP 別 P.19 E-1

1. 昭和のモダン建築として、大阪市の生きた建築ミュージアムに選定されている　2. 食後でもつい食べたくなる上品な軽さ　3. 素材や調理法にこだわった名物メニュー

MENU
ホットケーキ
730円（店内）

MENU
ビーフカツサンドウィッチ
（サラダ付き）
1650円

持ち帰りメニューあり！手みやげにもおすすめ

---

since 1921

100年以上続く老舗喫茶店 創業から変わらない味を守り続ける

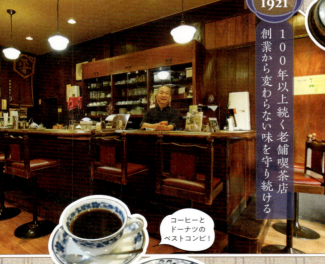

初代のレシピを忠実に提供
平岡珈琲店
ひらおかこーひーてん

創業100年を超える名店。店舗最上階の焙煎室で焙煎するコーヒーは雑味がなく、創業以来その味を守り続けている。シェーカーで急冷するアイスコーヒーも◎。

🏠 大阪市中央区瓦町3-6-11　☎ 090-6244-3708　🕙 10:00～18:00（月曜は11:00～15:00）　火曜　🚇 大阪メトロ本町駅3番出口から徒歩3分

本町　▶MAP 別 P.11 E-3

コーヒーとドーナツのベストコンビ！

MENU
百年珈琲　　500円
百年ドーナツ　250円

1. 店内で手作りするドーナツは売り切れ必至　2. 自家焙煎の豆を煮たてて木綿でこす、昔ながらのボイリングで提供

喫茶店の数が日本一多いといわれる大阪。名物メニューや名物マスターなど深堀りポイントもたくさん！

EAT 18

新しい出合いに興味津々
最旬カフェに注目！

大阪はいわずと知れたカフェの激戦区。サウナ併設、おにぎり食べ放題、元小学校のカフェ、などなど思わず人に教えたくなる個性的なカフェをご紹介。

まるで北欧サウナのような「ととのう」時間

スロウな時間を過ごして

MENU
キャロットケーキ 580円
有機にんじんをすり下ろしてイン。きび砂糖の優しい甘さはコーヒーと合う

ハンドドリップで淹れるスペシャルティコーヒー550円〜

COFFEE

1. 店頭には毎日7〜8種類の焼菓子が並ぶ 2. 家具のセレクトにもセンスが光るおしゃれな空間

― ココが最旬 ―

屋上のプライベートサウナでととのう

カフェの階上にはテント式のプライベートサウナが完備。誰にも邪魔されずにくつろぎの時間を過ごせる（料金などは公式サイトを確認）

食を通じて健康なライフスタイルを発信
階段下の北欧喫茶店 LOMA
かいだんしたのほくおうきっさてん ロマ

体を気遣う北欧サウナの思想をカフェに取り入れた店。添加物・上白糖不使用、米粉使用の焼菓子や、ベテラン焙煎士が手がける豆で淹れたコーヒーなどこだわりがぎっしり。

🏠 大阪市中央区松屋町7-17 3F
☎ 06-6777-9137
🕙 10:00〜22:00 休 木曜
🚇 大阪メトロ松屋町駅1番出口からすぐ

松屋町　▶MAP 別 P.7 D-1

思わず笑みがこぼれる おにぎりと懐かしいおやつ

1. 季節のフルーツや甘さ控えめのあんこを添えた特製あんみつ980円 2. 広々とした2階のイートインスペース

ごはん党＆あんこ好きの味方
米と蜜
こめとみつ

大阪のビジネス街・本町で、多彩なおばんざいが付くおにぎりランチや、米粉100％のうどん、昔ながらの和スイーツが楽しめる。テイクアウトメニューも。

🏠 大阪市中央区瓦町4-6-11
☎ 06-6926-8624　🕐 11:00〜18:00
休 日曜　🚇 大阪メトロ本町駅2番出口から徒歩4分

本町 ▶MAP 別P.11 D-3

MENU
おにぎりプレート
1200円

塩むすび2個に、日替わりのおばんざい5品、一番ダシの味噌汁、漬物が付く

栄養価の高い七分つき米

〜ココが最旬〜
おにぎりは
おかわり自由！

もっちりとした食感の丹波産コシヒカリを使用し、塩は5種類をブレンド。口の中でほろほろとくずれるよう握り方も工夫

遊び心満載の空間とスイーツ
秤 sold by weight
はかり ソールド バイ ウェイト

量り売りで食べたい量を注文できる、韓国風カフェ。洗練された空間とスイーツがフォトジェニック。間隔が広めの席で周囲を気にせずくつろげるのも魅力。

🏠 大阪市生野区桃谷5-5-37旧御幸森小学校2F　なし
🕐 11:00〜20:00(LO19:30)　休 無休
※営休ともにInstagramを要確認
🚇 JR桃谷駅北口から徒歩15分

鶴橋 ▶MAP 別P.23 F-3

MENU
抹茶エスプレッソラテ(ICE)
750円〜

抹茶ラテ、エスプレッソ、生クリームの3層が写真映え抜群

MENU
レモンチーズケーキ
100g 800円〜

レモンの酸味が効いた濃厚なチーズケーキは店の看板メニュー。こだわりの味を堪能して

韓国気分で楽しむ最旬リノベーションカフェ

工夫を凝らした内装に注目。黒板にはメニューが

昔を思い出す懐かしい机

〜ココが最旬〜
小学校を
リノベーションした
おしゃれカフェ

小学校の教室をそのまま使い、韓国のカフェをイメージして改装した空間が新鮮。懐かしさとトレンドが融合した目新しさが楽しい

☀ 「秤 sold by weight」が入る元御幸森小学校の校庭では季節のイベントなども開催している。

EAT
19 テラスカフェがいい感じ
気持ちのいい風でリラックス

昔から"水の都"として親しまれてきた大阪は、川風が心地よいリバーサイドカフェが多いことでも有名。景色に癒されながらおしゃれなカフェメニューを堪能！

WHERE IS
北浜
新旧のカルチャースポットやレトロ建築が点在する北浜エリア。川沿いを歩きながらぜひ立ち寄りたい(→P.128)

歴史感じる対岸ビュー！

BEST VIEW!
美しい近代建築を一望する贅沢なテラス席
赤レンガの中之島公会堂と川の景色が調和した美景に癒される

北浜 × 揚げパン

赤レンガの中之島公会堂と川の景色が調和した美景が広がる

懐かしのメニューにほっこり
MOUNT KITAHAMA
マウント キタハマ

おしゃれな店内カウンターには、名物の揚げパンやマフィンなど豊富な焼き菓子のラインアップ。開放的で心地よい空間でのんびりと過ごせる。

🏠 大阪市中央区北浜2-1-17
☎ 06-6227-8024　⏰ 11:00〜18:00
🚫 不定休　🚇 大阪メトロ淀屋橋駅22番出口からすぐ
北浜 ▶ MAP 別P.11 F-1

1. 人気の揚げパンは常時4種類ほどがスタンバイ
2. 店内からも窓が大きいので景色を楽しむことができる

黒みつきな粉揚げパン510円。プラス180円でアイスを添えても◎

ビッグブルーベリーマフィン590円。ザクザク食感が楽しい

ドーム前 × ラテアート

京セラドーム近くの穴場カフェ
MONDIAL KAFFEE 328 TUGBOAT
モンディアル カフェ サンニーハチ タグボート

船を模した複合施設「TUGBOAT_TAISHO」内のベーカリーカフェ。たっぷりサイズのカフェラテボウルやボリュームあるランチが、スタイリッシュ空間で味わえる。

🏠 大阪市大正区三軒家西1-1-14 TUGBOAT_TAISHO内 ☎ 06-6551-2255
🕐 11:00〜20:00
㊡ 無休 🚇 JR大正駅4番出口から徒歩2分

大正 ▶ MAP 別P.6 A-1

BEST VIEW!
アーチ橋にほど近い水辺の癒し空間
大きなガラス張りの店内からも川や岩松橋がみえる。春には川越しに桜も

ランチセットで人気のクロックムッシュはサラダとドリンク付きで1300円

1. バリスタの技術が光る繊細なラテアートでほっこり 2. 大きな窓からたっぷりと日が差し込む、広々とした店内

北浜 × ヴィーガンメニュー

1. おしゃれなネオンが目印。緑に囲まれた落ち着く店内 2. モノクロのテキスタイルの床がかわいい

BEST VIEW!
川風を感じながらヴィーガンメニューを
対岸の中之島を眺めながらカラダ喜ぶヘルシーメニューがいただける

心も体もととのう

オプティマスブッダボウル1500円。ボリューム満点の看板メニュー

気持ちも前向きになれる景色
OPTIMUS cafe
オプティマス カフェ

栄養バランスのとれた野菜を使ったヴィーガン料理やグルテンフリーのスイーツを提供。ほかにも疲労回復や美白効果が高いスムージーがスタンバイ。

🏠 大阪市中央区北浜2-1-14 1F
☎ 06-4256-1664 🕐 8:30〜17:00
㊡ 不定休 🚇 大阪メトロ淀屋橋駅22番出口からすぐ

北浜 ▶ MAP 別P.11 F-1

テラス席、1階店内席のほかに予約制の2階席もあり

北浜は大阪取引所をはじめ、証券会社や銀行も多く立ち並ぶビジネス街。

EAT 20

インパクト抜群！
大阪おもしろスイーツ

楽しいもの好きの大阪の人は食べるスイーツまで個性的！？
でか盛りや煙の演出など、あっと驚くおもろいスイーツの世界をご案内♪

NANDEYA NEN!

ドーンと
高さはなんと
30cm!!

SHIRANKEDO

大きさもおいしさもびっくり！
迫力満点の巨大パフェ

フルーツソース
イチゴ・キウイ・オレンジの3色フルーツソースがきらきら輝く

生クリーム
これでもか！とそびえ立つ。上品な甘さで不思議とぺろり

アイスクリーム
バニラアイスクリームがたっぷりと4つも。溶けないうちに！

ミックスジュース
大阪名物のミックスジュースは店内手作りの本格派

MENU
ミックスジュースパフェ
980円
生クリームの甘みとフルーツのさっぱりとした甘みがほどよくミックス

大阪ビッグパフェの老舗
カナリヤ

1997年創業、2代目オーナーが作るのは先代から続くでか盛りパフェ。大阪の学生が一度は訪れる！？というが最近ではサラリーマンのお客さんも多いのだとか。

🏠 大阪市天王寺区下味原町2-9
☎ 06-6779-4582　⏰ 11:00〜23:00
🚫 不定休　🚉 各線鶴橋駅からすぐ
鶴橋　▶MAP 別P.23 D-2

1. パフェを一人ワンオーダーで席の予約も可能 2. 焼肉店などが多く立ち並ぶ鶴橋エリアにある。〆パフェとしての利用も多い

76

仕上げの液体窒素を投入！

果物好きにはたまらない！
何度でも食べたい上質な味

MENU
液体窒素の季節のフルーツ
ジェラート　1300円
液体窒素で凍らせることで濃厚な香りと滑らかな食感が楽しめる

最新技術を使ったフルーツカフェ
パルレ

バーテンダーの店主による、フルーツがメインのカフェ。厳選された果物を使用したスイーツやドリンクは、甘みと酸味の調和が魅力。濃厚な香りと味わいにうっとり。

🏠 大阪市北区中崎西4-3-40 Dビルディング1F
☎ 06-6147-9097　⏰ 12:00〜23:00
🚫 水曜
🚇 大阪メトロ中崎町駅4番出口から徒歩5分

中崎町　▶ MAP 別P.9 E-1

1. ソーダのような爽やかな味わいのシャインマスカット煎茶ジュース 2. バーの雰囲気が楽しめるカウンター席 3. シックな空間に注目

視線を感じる その先に…　YEAH〜！

脳みそケーキ!? 心臓フロート!?
病院をイメージした怖カワイイカフェ

1. 薬品のビンやオカルト本がずらりと並ぶ 2. カフェメニューは事前注文で割引あり

「病院」を意味する店名
cafe Anamúne
カフェ アナムネ

人体模型などが飾られた店内は「病院」がモチーフ。ギャラリーも兼ね、その時々の展示作家がデザインしたドリンクやスイーツを楽しめる。入場のみは500円。

🏠 大阪市中央区西心斎橋1-8-16 中西ビル501　☎ 090-9714-3798
⏰ 12:00〜17:00　🚫 火・水曜
🚇 大阪メトロ心斎橋駅7番出口から徒歩3分

心斎橋　▶ MAP 別P.13 D-3

1700円「トワイライトミルクフロート」(Keiko Aoi)
1400円「私の心臓」(平成メランコリー)

MENU
脳 (sitry)
2800円
ココア＆イチゴのスポンジに炭入りシュガーペーストをウニョウニョと

「cafe Anamúne」に置かれた人体模型"ジョニー"は陰のオーナーだそう。　77

SHOPPING 01

ビジュ100万点！
ワンランク上のトレンドみやげ

数ある大阪みやげの中で、味もさることながら、圧倒的なビジュアルを誇る商品が勢揃い。周りと差がつく、センス抜群なおみやげを探している方はぜひ参考にして。

日もち目安 30日

今話題のパティスリーカフェ

1 シックな空間が素敵 **2** パティシエの手元や表情が見える、ガラス張りのオープンキッチン

個性豊かな眼福スイーツが揃う
hannoc
ハノック

若手パティシエのクリエイティブな感性が活かされた、アートで味わい深いスイーツが魅力。季節のケーキはもちろん、クグロフやフィナンシェなどの焼き菓子も豊富。いつも新しい味に出会える。

🏠 大阪市北区万歳町4-12 浪速ビル西館1F ☎06-4792-8069 ⏰11:00～21:00、金・土曜、祝前日は～22:00 休無休 🚇地下鉄中崎町駅3番出口からすぐ

中崎町 ▶ MAP 別 P.9 E-1

プティショコラアソート 3780円

ナッツやポップコーンをチョコで包んだ、まろやかで香ばしい味わい

コチラもおすすめ

712円〜（テイクアウト）

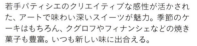

（左）ニュアージュ（右）ジョルノ
雲型が印象的なムースケーキと、プラントベースのレイヤーケーキ

コチラもおすすめ

鴻池花火（4個入り） 2400円
5種類の果物に生クリームとこしあんを合わせ、花火を表現した逸品

ふくろうモナカ（1個） 430円
フクロウの形が愛らしい最中。こし餡、粒餡の2種から選べる

ittan

1 提灯型の照明と木目調のインテリアが映える、シンプルで爽やかな店内 **2** 大きな窓から光が差し込む、開放的な空間

美を極めた特別な和菓子にうっとり
ittan 五條堂 京町堀店
いったん ごじょうどう きょうまちぼりてん

有名和菓子店「五條堂」が手掛ける2号店。メディアでも話題の「鴻池花火」をはじめ、ベリーやナッツが盛り込まれた羊羹など、心がパッと華やぐような、美しく繊細な和菓子にうっとり。

🏠 大阪市西区京町堀1-4-4 ☎080-3809-1138 ⏰10:30～18:30 休日・月曜、不定休 🚇地下鉄肥後橋駅6番出口から徒歩4分

肥後橋 ▶ MAP 別 P.11 D-2

日もち目安 14日（要冷凍）

芸術的な和菓子にうっとり

WHAT IS 長﨑堂のカステラ

秘伝の製法によって極められた長﨑堂のカステラ。卵、小麦粉、砂糖、水飴のシンプルな材料を用い、純良な素材の魅力を引き出している。

1 洗練された美しい空間が魅力 2 カフェ利用もできる外壁のモダンな装飾が存在感を放つ

長﨑堂 心斎橋本店
ながさきどう しんさいばしほんてん

上質素材を堪能する懐かしの味

カステラで有名な老舗和菓子店。100年以上の歴史が詰まったカステラを筆頭に、熟練の技が織りなす上質な味わいが愛され続ける。宝石箱のような砂糖菓子や、虹色に輝く寒天菓子など、直営店のみで提供するオリジナル商品も見逃せない。

職人技が光るカステラの老舗

日もち目安 30日

🏠 大阪府大阪市中央区心斎橋筋2-1-29 ☎06-6211-0551 ⏰10:00～17:30 休火・水曜
🚇地下鉄心斎橋駅6番出口から徒歩5分
心斎橋 ▶MAP 別P.13 E-3

クリスタルボンボン（1箱）
噛むとリキュールが弾ける砂糖菓子。豊かな香りと甘みを堪能して
2160円

カステラ 1本 1296円
素材本来の味が引き立つ、シンプルで上品なカステラ
コチラもおすすめ

Nagasakido

---

1 タイルの床が個性的な、ポップでかわいらしい店内 2 海外テイストな雰囲気にわくわくが止まらない

レトロ可愛いクッキー缶に心躍る
COBATO STORE OSAKA
コバト ストア オオサカ

レトロかわいい商品や空間が楽しい、手土産専門店。焼き菓子が詰まったカラフルな缶やチョコレート缶など、心弾む商品がずらり。缶の中に入っている、ポストカードやエアメールにも注目。

🏠 大阪市北区天満3-5-1 アイアンドアイビル1F
☎06-6360-9513 ⏰11:00～17:00 休火～木曜
🚇JR大阪天満宮駅8番出口から徒歩8分
天満 ▶MAP 別P.21 E-3

心が和むキュートなクッキー缶

Cobato

COBATO スペキュロス缶 1836円
スパイスの効いた、南フランスの伝統的なクッキーが楽しめる人気商品

日もち目安 6ヵ月

COBATOヴィレッジ缶（キツネのキリ） 1830円
チョコレートとドライフルーツのビスコッティ。優しい甘みが◎
コチラもおすすめ

> COBATO STORE OSAKAのクッキー缶の中には、エピソードが書かれたエアメールとポストカードも。ほのぼのとした、心温まるストーリーもぜひ楽しんで。

79

SHOPPING 02

絶対的安心感☆
愛され銘菓大集合

多くの人に愛され続けてきた老舗の名品は、ぜひ押さえておきたいところ。看板商品はもちろん、伝統の技を活かした新商品まで、卓越した味を堪能しよう。

おこし

岩おこし・粟おこし
（各10枚入り）**756円**

200年以上愛され続ける「おこし」
あみだ池大黒本店
あみだいけだいこくほんてん

Since 1805

おこしの先駆者として名を馳せてきた和菓子店。黒砂糖のコクと生姜の辛さが味わい深い「岩おこし」、ゴマの香ばしさと歯ごたえが魅力の「粟おこし」をぜひ味わって。

🏠大阪市西区北堀江3-11-26 ☎06-6538-2987 ⏰9:00～18:30 ㊡なし 🚇地下鉄西長堀駅2番出口から徒歩2分
堀江 ▶MAP 別 P.12 A-2

大阪花ラング
（3個入り）
サクサク生地に、ハチミツの風味とふわふわのクリームがベストマッチ
583円

本店ならではの広々とした空間。品揃えも豊富

何度も食べたくなる魅惑のきんつば
出入橋きんつば屋
でいりばしきんつばや

Since 1930

店名に冠されたきんつばは、北海道産小豆を使用。砂糖を控えめにして甘さを抑えているため、小豆本来の風味がより伝わりやすい。粒が立ったあんはしっとりやわらかな食感。

🏠大阪市北区堂島3-4-10 ☎06-6451-3819
⏰10:00～19:00、土曜は～18:00（売り切れ次第終了） ㊡日曜、祝日 🚇地下鉄西梅田駅6-13番出口から徒歩3分
西梅田 ▶MAP 別 P.8 B-3

きんつば

きんつば3個 350円

あべ川餅
ぜんざいにくぐらせた餅にきな粉と砂糖をまぶして提供する
イートイン限定商品！
600円

みたらし団子

みたらし団子
（5本入り）**600円**

質の高い和菓子を良心価格で提供
喜八洲総本舗 本店
きやすそうほんぽ ほんてん

Since 1948

注文が入ってから目の前で焼くみたらし団子で有名な「喜八洲」の総本山。店頭には香ばしい匂いが漂い、常にファンが行列をつくる。大福など他の和菓子も種類豊富。

🏠大阪市淀川区十三本町1-4-2 ☎06-6301-0001 ⏰10:00～20:00 ㊡火曜 🚇阪急十三駅西口からすぐ
十三 ▶MAP 別 P.4 A-1

190円

きんつば（1個）
北海道産の小豆の粒々感が特徴。ザラメを使って透き通った甘さを表現

羊羹で有名な老舗和菓子店の新店舗
駿 surugaya 南森町本店
しゅん スルガヤ みなみもりまちほんてん

Since 2021

日本初の練り羊羹をつくった老舗の新ブランド。小形羊羹「neri」は、和と洋の素材を掛け合わせ、伝統の味を進化させた逸品。天然素材が際立つ上品な味わいにファン多数。

🏠 大阪市北区紅梅町2-17 ☎06-6354-3333 ⏰10:00〜18:00、土・日曜、祝日は〜17:00 ㊡不定休 🚇地下鉄南森町駅5番出口から徒歩3分

南森町 ▶MAP 別P.21 E-2

羊羹 ようかん

小形羊羹 neri
(6本入) 2592円
(12本入) 5184円

生粒羊羹 どら焼き
あっさりした自家製の粒あんの羊羹がたっぷり入った、ボリューム満点の一品
432円

唯一無二の上品な和菓子が人気
菊壽堂義信
きくじゅどうよしのぶ

Since 1830

8代目松本幸四郎が名付けた「高麗餅」は、粒あん、こしあん、白あん、抹茶あん、白ゴマの風味を味わえる銘菓。手作りのため、早い時間に売り切れてしまうこともあるほど。

🏠 大阪市中央区高麗橋2-3-1 ☎06-6231-3814 ⏰10:00〜16:30 ㊡土・日曜、祝日 🚇地下鉄北浜駅6番出口から徒歩3分

北浜 ▶MAP 別P.11 F-2

餅菓子

高麗餅
(5個入) 800円

大福ラバーはマストで注文

大福
粒が際立った丹波大納言小豆本来の甘さや旨みがダイレクトに伝わる逸品
400円

全世代に寄り添う豊富な和菓子
千鳥屋宗家 大阪本店
ちどりやそうけ おおさかほんてん

Since 1630

創業から390余年にわたり受け継がれてきた、独自の製法による和菓子を展開。人気商品の「みたらし小餅」は、外はもちっと中はとろりな味わいがやみつき。

🏠 大阪市中央区本町3-4-12 ☎06-6261-0303 ⏰8:30〜20:00、土曜・祝日は9:00〜19:00 ㊡日曜 🚇地下鉄本町駅3番出口から徒歩2分

本町 ▶MAP 別P.11 E-3

みたらし小餅 1箱
(12個入) 670円

餅菓子

千鳥の焼き印にほっこり

1340円
本千鳥饅頭(8個入)
やわらかな舌ざわりのあんを上品な甘さの焼き皮で包んだ代表銘菓

🌸 千鳥屋宗家の「みたらし小餅」はタレが中に入っているので手を汚さず楽しめる。イートインの「みたらし小餅茶屋」にもぜひ立ち寄りたい。

SHOPPING 03

喜ばれること間違いなし
大阪のかわいくて甘いもん

全国的に知名度の高い定番みやげから、遊び心たっぷりの目を惹くスイーツまで、もらってうれしい大阪みやげが大集結。ぜひ自分用もゲットして。

旨味を追求した黒豆マドレーヌ

日もち目安 約2週間

ええもんサブレ（6枚入） 885円

人気の「ええもんちぃ」から誕生した、ザクザクとした黒豆サブレ

ええもんちぃ（6個入） 907円

国産大粒の黒大豆（丹波黒）が印象的なマドレーヌ。しっとりとした食感が◎

あ Gokan
※包装形態に変更の可能性あり

う Tsukigesho

月化粧生サブレ（6個入） 364円

ホワイトチョコとミルクが融合した、しっとりやわらかな生サブレ

とろける味わいにファン多数

しっとり

日もち目安 70日

みるく饅頭 月化粧（6個入） 930円

練乳とバターをたっぷり入れたみるく餡を包み、焼き上げた優しい味わい

クリームを味わうロールケーキ

ふわふわ

堂島ロール（1本） 1680円

北海道産の生乳を使用した濃厚なクリームを、卵風味の生地でひと巻きに包んだ、唯一無二のロールケーキ

日もち目安 当日中　要冷蔵

い Moncher

堂島カステラ ※関西エリア限定 1393円

「堂島ロール」のクリームと米粉を練り合わせ、はちみつを加えて焼き上げたカステラ

あ 自然の恵みを活かした印象深い洋菓子

五感-GOKAN- 北浜本館
ごかん きたはまほんかん

米粉を用いた、日本らしく上品な洋菓子が人気。大正レトロな洋館ではカフェも楽しめる。

🏠 大阪市中央区今橋2-1-1 新井ビル
☎ 06-4706-5160　⏰ 10:00～19:00、2階サロンは～19:00(LO 18:00)
休 不定休　🚇 地下鉄北浜駅2番出口から徒歩2分

北浜　▶MAP 別 P.11 F-2

い 本物を追求し続けるロールケーキの名店

パティスリーモンシェール 堂島本店
パティスリーモンシェール どうじまほんてん

「作りたて」にこだわりあり。独自ブレンドのクリームが織りなす、味わい深い洋菓子を堪能して。

🏠 大阪市北区堂島浜2-1-2
☎ 06-6136-8003　⏰ 10:00～19:00、土・日曜、祝日は～18:00
休 無休　🚇 JR北新地駅C92番出口から徒歩3分

新地　▶MAP 別 P.10 C-1

う 世代を超えて愛される大阪みやげの定番

月化粧 なんば店
つきげしょう なんばてん

みるく饅頭月化粧が大好評。皮はさっくり、餡はとろ～りなめらかな「焼きたて月化粧」も楽しめる。

🏠 大阪市中央区難波3-2-15
☎ 06-6645-1500　⏰ 11:00～19:30、金・土曜は～20:00
休 無休　🚇 地下鉄なんば駅E5番出口からすぐ

なんば　▶MAP 別 P.19 E-2

え Cagi de rêves

WHAT IS カカオの効能

カカオポリフェノールには抗酸化作用があり、生活習慣病の予防や老化防止などが期待できると言われている。カカオ70％以上のチョコレートを1日に20～25ｇとると効果的なのだとか。

日もち目安 **28日**

「夢の扉を開く鍵」がコンセプト

Cagi de rêves
コフレガトー 5400円
トリュフやボンボンショコラなど、12種の代表的商品が集結した贅沢なコフレ

ザクザク！

Cagi de rêves
おさつロシェ（6本入） 1296円
チョコレートとUHA味覚糖のスナック「おさつどきっ」などを合わせた、6種類のチョコレートバー

Cagi de rêves
キャラメルカディナ（8個入） 1836円
カカオ分33～64％の風味豊かな鍵型ショコラと、オレンジ、ライム、パッション、カフェの4種の南京錠型ショコラ

おしゃれ！

Cute♡

上質でリーズナブルな**チョコ菓子**

チーズ風味

Minamoalle
道頓堀チーズクッキー（7個入） 756円
2種類のチーズパウダーを混ぜ込んだ、甘じょっぱいクッキー。軽い食感が魅力

Minamoalle
minaサンデー（9個入） 1296円
アイスクリームサンデーをイメージした、食べるのがもったいない！かわいさのチョコレート

Minamoalle
たこ焼きそっくりクッキー（15個入） 756円
ほろほろのミルククッキーに、チョコやベリークランチなどをのせて、たこ焼きを表現

え 上質で独創的な本格ショコラトリー
Cagi de rêves
キャギドレーヴ

カカオの豊かな風味が活きた、個性豊かなチョコレートは、ひとつひとつ職人の手作り。焼き菓子も豊富。

- 大阪市中央区神崎町4-12 UHA館
- 06-6767-6133
- 10:00～19:00、土・日曜、祝日は11:00～
- 不定休
- 地下鉄松屋町駅3番出口から徒歩5分

松屋町　MAP 別P.7 D-1

お 遊び心満載のチョコレートショップ
ミナモアレ 道頓堀店
ミナモアレ どうとんぼりてん

「道頓堀から世界へ」を掲げ、高品質でお茶目なチョコレートを発信。リーズナブルな価格もうれしい。

- 大阪市中央区道頓堀1-9-1
- 06-6213-2141
- 11:00～20:00
- 無休
- 各線なんば駅なんばウォークB14番出口から徒歩3分

道頓堀　MAP 別P.19 D-1

日もち目安 **90日**

Minamoalle
※2025年4月より価格改定予定

ミナモアレ道頓堀店は、イメージカラーのイエローが目印。定番からおもしろ商品までずらりと並ぶ。

SHOPPING 04

お米好きにはたまらない！
ごはんのおとも大集合！

食卓にあるとうれしい「ごはんのおとも」。
愛され続ける大阪の名品を自宅でも楽しもう。

肉の旨みと食感を堪能

ご飯はもちろん
お酒のあてにも最適

お店の味を
そのまま自宅で

A　カレーソース
2人前（400g）1080円

溶け込んだ野菜とごろごろ入ったお肉がたまらない本格カレー。湯せんするだけで簡単なので、忙しい日にぴったり

A　牛肉の佃煮
100g（1パック）1296円

黒毛和牛の雄牛のみを使って甘辛く仕上げた佃煮。常温で持ち運びやすく、かわいらしい小箱はおみやげにも最適

幅広く使える頼もしい一品

B　おにぎり塩昆布
210g 1080円

北海道産の昆布を丁寧に炊き上げ、ごまを合わせた佃煮。おにぎりはもちろん、チャーハンや和えものなどに添えるのも◎

ちょっとしたギフトにもおすすめ！

至福の卵かけご飯が完成

**B　卵かけご飯が
おいしい詰め合わせ**
864円

昆布の旨みが凝縮された、2種類のふりかけと醤油の詰め合わせ。普段の卵かけご飯を格上げしてくれる

うちの家でも
大人気やで！

C 山芋たんざくキムチ
栄養たっぷりの人気キムチ
550円～

鶴橋における山芋キムチの元祖。秘伝のタレに漬け込んだ山芋の、シャキシャキとした歯ごたえがクセになる一品。

山芋には食物繊維がたっぷり！

A はり重 道頓堀本店
はりじゅう どうとんぼりほんてん

老舗精肉店の黒毛和牛を堪能

大正から続く黒毛和牛専門店。牛肉は国産黒毛和牛の雌牛のみを使用し、独自の手法で熟成させて提供。とろける食感と最高の味をご賞味あれ。

🏠 大阪市中央区道頓堀1-9-17 ☎06-6211-7777
⏰11:30～21:00(LO20:00) 休火曜(祝日・12月は営業) 🚇地下鉄なんば駅14番出口から徒歩4分
道頓堀 ▶MAP 別P.19 D-1

B 神宗 淀屋橋本店
かんそう よどやばしほんてん

240年以上続く上質な味に感動

豊かな味わいが愛され続ける佃煮・塩昆布の老舗。佃煮をはじめ、にゅうめんや鍋つゆセットなど、素材の旨みを最大限活かした多様な商品を展開。

🏠 大阪市中央区高麗橋3-4-10 淀屋橋センタービル1F ☎06-6201-2700(代) ⏰10:00～18:00、土曜は～16:00 休日曜、祝日 🚇大阪メトロ淀屋橋駅8番出口からすぐ
淀屋橋 ▶MAP 別P.11 E-2

C 白菜キムチ
550円～

新鮮な白菜に天然香辛料を加えて熟成させた、本場韓国のキムチ。「甘口・中辛・辛口・激辛」の4種類から選べる

まずは定番の中辛をぜひ

C 崔おばさんのキムチ 鶴橋本店
ちぇおばさんのきむち つるはしほんてん

韓国料理激戦区で人気のキムチ

本場の味を日本人好みの味に仕上げたキムチが好評。国産素材を使用して丁寧に手作りされた新鮮な商品が立ち並ぶ。店舗ではチヂミの販売も。

🏠 大阪市東成区東小橋3-15-1 ☎06-6972-2188
⏰9:30～20:00 休水曜(祝日の場合は変動あり)
🚇JR鶴橋駅西出口からすぐ
鶴橋 ▶MAP 別P.23 D-2

D 味付のり 卓ちゃん
価格は店頭で要確認

定番の味を堪能しよう

販売開始から20年を超える、定番の味付けのり。甘辛く仕上げられた、昔懐かしい味わいが老若男女問わず人気

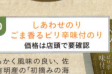

D しあわせのり
ごま香るピリ辛味付のり
価格は店頭で要確認

柔らかく風味の良い、佐賀有明産の「初摘みの海苔」を使用。ゴマ油と唐辛子のピリ辛な味つけが魅力

全部で4種類のラインナップ

毎日食べたいしあわせの味

D 河幸本店 庄兵衛
かわこうほんてん しょうべえ

伝統製法による最高級海苔

創業80年以上の老舗海苔店。3代にわたり受け継がれてきた伝統の味は、大阪の寿司職人にも好評。厳選素材を使用した本物の味わいを堪能して。

🏠 大阪市中央区日本橋2-13-13 ☎06-6633-2500
⏰10:00～17:00、土曜は～16:00 休水・日曜、祝日 🚇地下鉄日本橋駅9番出口から徒歩6分
日本橋 ▶MAP 別P.15 F-2

河幸海苔店の海苔は、昔ながらの製法がおいしさの秘密。秘伝のダシを1枚ずつ塗って乾燥させ、ゆっくりと熟成させるのだとか。

SHOPPING 05

ザ・大阪なモノをあの人にお届け
おもしろみやげで笑顔にさせてこ！

笑いの聖地、大阪に来たなら、遊び心あるおみやげも外せない。定番から珍しいオリジナル商品まで、くすっと笑える個性豊かなアイテムをゲットして、旅の思い出を深めよう。

フード / Food

大阪名物のたこ焼き味

810円

A B ジャイアントプリッツ（たこ焼味）
タコが練り込まれた生地に、青のりと紅ショウガをトッピング。たこ焼きそのもの！

A B C 大阪新名物 面白い恋人（16枚入り）
関西で生まれたみたらしをアレンジしてつくられたゴーフレット。サクッとした食感が◎

1198円

塩気がちょうど良い！

600円

B OSAKA やさいチップス
大阪産野菜をそのまま使ったチップス。野菜の旨みがしっかり

キャラクター系 / Character

1595円

クレームブリュレ風の味

A 大阪名物 くいだおれ太郎プリン
ほろ苦いカラメルソースとクラッシュシュガーが良いアクセント

A くいだおれ太郎 ミニタオル3枚セット
キャラクターモチーフのくいだおれ太郎が愛らしい、オリジナル商品

880円

OOKINI！

小さくてキュート♡

594円

A 大阪名物 くいだおれ太郎 アクションストラップ
手足が可動式になっているストラップ。ポーズを変えて楽しもう

ここで買えるで！　　　　　Shop List

A 大阪らしさ全開のくいだおれグッズ
なにわ名物いちびり庵 道頓堀店
なにわめいぶついちびりあん どうとんぼりてん

くいだおれ太郎の横に位置する道頓堀店。くいだおれ太郎商品を筆頭に、大阪産の食材を使ったグルメや大阪で生まれたブランドの製品など、どの世代にも合致する多様な品揃えを誇る。

🏠大阪市中央区道頓堀1-7-21 中座くいだおれビル1F ☎06-6212-5104 ⏰10:00～22:00 ㊡無休 🚇各線なんば駅B16番出口から徒歩3分

道頓堀　▶MAP 別 P.19 E-1

B 大阪人にも人気な自慢のみやげが勢揃い
Little Osaka ユニバーサル・シティウォーク大阪店
リトルオオサカ ユニバーサル・シティウォークおおさかてん

食品からグッズ、お酒まで、大阪みやげが大集合。「グリコ」など大手メーカーの商品やご当地アイテムも揃うので、海外客にも日本人客にも大人気

🏠大阪市此花区島屋6-2-61 ユニバーサル・シティウォーク大阪3F ☎06-6464-5630 ⏰10:00～22:00（季節により変動あり）㊡無休 🚇JRユニバーサルシティ駅出入口1からすぐ

USJ　▶MAP 別 P.20 B-2

グッズ / Goods

A かんにんペーパー
水に流してほしいことがたくさん書かれたトイレットペーパー。かんにん水に流してや〜
550円

B Little Osaka× ナンデモ充電くん
リトル大阪限定の、可愛らしいタコ型バージョン。microUSB、Type-C、Lightningの3in1タイプ
1650円

A B 大阪弁キャップ
個性的な柄と関西弁がユーモアたっぷりな、大阪感あふれるキャップ
大阪らしさ満開！
1320円

お笑い系 / Comedy

A B C 吉本新喜劇 人形焼カステラ（24個入り）
吉本新喜劇座員の特徴を捉えた人形焼きカステラ。はちみつを練り込んだ優しい味わい
648円

C 吉本新喜劇 ソースカツ（8枚入り）
大阪名物の串カツを駄菓子にした、吉本新喜劇オリジナルのソースカツ
目を惹くパッケージ
648円

B C 吉本新喜劇 すち子ねぶり飴
吉本新喜劇の人気キャラクター「すち子」が、劇場で実際にばらまいている飴
ミックスジュース味
378円

C よしもとエンタメショップ 難波店
吉本興業のオフィシャルグッズショップ
よしもとエンタメショップ なんばてん

圧倒的な品数と、清潔感のある広い空間が魅力の難波店は、観劇帰りにも立ち寄りやすい好立地。吉本新喜劇グッズや芸人グッズが揃う。

🏠 大阪市中央区難波千日前11-6 なんばグランド花月1F ☎06-6643-2202 🕙10:00〜19:00 土・日曜、祝日は9:00〜20:00（公演時間により異なる）㊡無休（変動あり）🚇各線なんば駅E7番出口から徒歩3分
なんば ▶ MAP 別 P.19 F-3

WHAT IS 大阪の飲料メーカー
夏の風物詩として愛されるラムネ。今もその文化が続くのは日本だけなのだとか。そんなラムネを世界中へ提供する「ハタ鉱泉」では、基本のラムネ味をはじめ、イチゴ味やメロン味などさまざまな種類を製造しており、生産量はなんと日本一！大阪のスーパーや銭湯で見かけた際にはぜひその味わいを楽しんでみて。

ハタクレパス風ラムネ

ハタ鉱泉の「ハタクレパス風ラムネ」は、パイン、ピーチ、メロン、バナナ、マンゴー、イチゴの6種類の味が楽しめる。

SHOPPING 06

お気に入りが見つかる♡
ハイセンス雑貨にひとめぼれ

北欧テイストのインテリアやこだわりのアンティーク、遊び心満載の小物など、暮らしを彩る雑貨がずらり。商品のストーリーに思いを馳せながら、自分好みの品を発掘しよう。

リサ・ラーソンのアイテムが豊富！

佇まいもキュート

1 国内外から厳選した作り手のアイテムが並ぶ　2 リサ・ラーソン日本代理店ならではの品揃え　3 ネコ好き必見！リサのMANSシリーズ
4 心ときめく一点ものを探す楽しみも　5 日常がワンランクアップするテーブルウェア

SHOP 1　国内外のこだわりインテリアが集結
dieci 天神橋店
ディエチ てんじんばしてん

「それがそこにある事で気持ちがほんの少し豊かになるインテリア」がコンセプト。北欧のヴィンテージアイテムを中心にインテリア雑貨やテーブルウェア、革小物が揃う。スウェーデンの陶芸家Lisa Larson(リサ・ラーソン)のラインナップは国内随一を誇る。2階には居心地のいいカフェも併設。

🏠 大阪市北区天神橋1-1-11 天一ビル1・2F
📞 06-6882-7828　⏰ 11:00～18:00　休 火・水曜　🚇 地下鉄南森町駅4-B出口から徒歩9分
[天神橋]　▶MAP 別P.21 E-3

OSUSUME！

RHYTHMOS(リュトモス)
ZIP dieci限定カラー[L]
収納力抜群ながらスリムに持ち運べる長財布。カードスリーブ付
▶ 3万5200円

GUSTAFSBERG ×
鹿児島睦 Maj C&S
上品で愛らしいデザインのカップ＆ソーサー。Majはスウェーデン語で「5月」
▶ 2万5300円

3630円

Jonas Lindholm "Axel
(mug cup) WHITE
Mサイズ
有田焼のシンプルなマグカップ。飲みやすく手になじむので、色違いで買い求める人も

サイズ違いも人気

Lisa Larson (リサラーソン)
LION ライオン[M]
リサの代表作。少しずつ表情が異なる一点ものでサイズ違いもあり
▶ 1万7050円

88

▼OSUSUME！

① 1500円〜
② 1900円
1.「オランソーダ」グラス
2.「サルース」グラス
現地の飲料メーカーのロゴが入った70年代頃のグラス

「ドン・ペドロ」コーヒー一缶
3万9000円
1940〜50年代の、珈琲豆の大きなブリキ缶。絵がキュート

「ドミト」エスプレッソカップ
2900円
ピエモンテ州クネオ県の小さな町「マレーネ」の1970年代のもの

「Lavazza」エスプレッソカップ
4500円
1950〜60年代の「Lavazza」社のワールドカップ限定品

SHOP②
イタリア製アンティーク雑貨がずらり
TOPO DE MINO
トポ デ ミーノ

オーナー自らがイタリアを訪れ、「自分の目で選んだものだけ」を集めたショップ。1950〜60年代を中心に、食器、ブリキ缶、レコードなどのアイテムが揃う。お手頃価格の商品も多いので、おみやげに最適。

🏠大阪市天王寺区上本町1-2-11 ☎06-6761-1567 🕐11:00〜19:00 休水曜 🚇地下鉄谷町六丁目駅7番出口から徒歩5分
谷町六丁目 ▶MAP 別P.7 E-1

緑のロゴが目印

種類豊富なイタリアのアンティーク

1 物語を聴けるトッポ・ジージョのレコード　2 お気に入りのカップを見つけよう
3 まるでイタリアの蚤の市のような店内　4 商品は北イタリアで買い付けられる

アンティークの世界観に魅了されて

▼OSUSUME！
マザーオブパールのブローチ
1万1000円〜
手彫りでつくられたヴィンテージ。光が当たることで、透明感のある輝きがさらに際立つ

SHOP③
天体・博物・人形モチーフの宝庫
Guignol
ギニョール

海外で買い付けられたブロカント・アンティークと、作家による個性的な作品が並ぶ雑貨店。美しい輝きを放つアクセや食器、博物や天体モチーフなどをあしらったシュールな作品など、個性あふれる商品が楽しい。

🏠大阪市北区中崎2-3-28 ☎なし 🕐12:00〜19:00 休月・火曜、不定休（公式サイトを確認） 🚇地下鉄中崎町駅2番出口からすぐ
中崎町 ▶MAP 別P.9 F-1

1 アイルランド最古の窯、ベリークのテーブルウェアなカップ＆ソーサーのセット　2 貝殻が脚に付いたキュートなカップ＆ソーサーのセット　3 アンティークの天文図版　4 ドイツ製アンティークのビスクドール

Guignolの店内には、歴史を感じる商品が並び、まるでタイムスリップしたかのよう。アンティークならではの美しさを体感して。

89

SHOPPING 07
今ドキの雑貨やスイーツが大集合！
堀江でおしゃれショップハント

おしゃれなショップが多い堀江。洗練されたインテリアや雑貨を巡ってお気に入りの品を見つけよう。ショッピングを満喫したあとは、カフェでゆったり休憩を。

長く愛用し続けたい上質なアイテムがずらり

ピザが絶品なイタリアン！

「TEKLA」タオル
100％オーガニックコットンを使用した、肌触りのいいタオル
3740円

4万9500円

「not in fashion...」ネイビーカーディガン
保湿性、吸水性、放湿性に優れたシルク100％のニットカーディガン

男女問わずおすすめ！

「NONFICTION」香水
2万900円
SANTAL CREAM は、自然の爽やかさを感じるウッディな香り

ハイセンスな複合型ショップ
BIOTOP OSAKA
ビオトープ オオサカ

素材やデザインにこだわったアイテムが揃うセレクトショップ。センスが光る商品の数々にうっとり。1階には植物のショップとカフェ、4階にはイタリアンも併設。

🏠 大阪市西区南堀江1-16-1 メブロ16番館
☎06-6531-8223 🕚11:00～20:00(ボタニカルショップは～19:00、レストランは～23:00) 休不定休
🚇地下鉄四ツ橋駅6番出口から徒歩4分

堀江 ▶MAP 別P.12 C-3

各国から時代を超えて集結したアンティークアイテムの宝庫

様々なシーンで大活躍

8万9750円～
ラウンドテーブル各種
住宅に馴染むデザインと拡張可能な天板が魅力の人気商品

3万3750円～
ERCOL クエーカーチェア
デザインと座り心地に長けた英国家具メーカーの代表モデル

デスク
丁寧に作り込まれた職人技が光る逸品。経年変化が美しい

5万9750円※変動あり

珍しい蛇腹扉が印象的

西日本最大級のアンティークショップ
70B OSAKA
セブンティービー オオサカカ

世界中から幅広く商品をセレクトする、アンティーク＆ヴィンテージショップ。圧倒的な商品数が魅力。レトロなアイテムならではの趣向や構造、贅沢な素材を体感して。

🏠 大阪市西区南堀江2-9-14
☎06-6535-9705 🕛12:00～19:00 休木曜 🚇地下鉄桜川駅5番出口から徒歩6分

堀江 ▶MAP 別P.12 B-3

WHERE IS 堀江ってどんな街？

雑貨店やインテリアショップが立ち並ぶオレンジストリートをはじめ、カフェやショップが集結するおしゃれな街。川に囲まれた落ち着きのある雰囲気も◎。

CAFE TIME

自然光が入る心地よい店内で優雅なカフェタイムを満喫

自然な風合いで彩るナチュラル雑貨に魅了されて

苺のメルティーショートケーキ
こだわりのマスカルポーネとバニラを使った、心ときめくご褒美ケーキ

1580円

パスタランチ（サラダバー付き）
お得なランチタイムに、季節によって変わるおすすめのパスタランチ

1480円〜

アクセサリートレイ
1320〜2200円
可愛らしいモチーフ♡

オブジェとしても楽しめるアンティーク風のトレイ

フラワーベース
S1760円・M3960円・L6820円

花の魅力を引き立たせるナチュラルなデザイン

ハンカチ
各880円

飛び出す刺繍が印象的な、ガーゼ・パイル素材のハンカチ

ホリエバターサンド
3個入り 1200〜1500円

ビジュアル満点！

定番人気はラムレーズン香る「レーズンバター」。季節ごとにさまざまな味が楽しめる

心落ち着くナチュラルベースの雑貨

RACONTER 大阪
ラコンテ おおさか

インテリアになじむナチュラルな雑貨を扱うインテリアショップ。温かみのある店内が心地よく、アンティーク風な家具や照明、小物など、多様なアイテムがずらり。

🏠 大阪市西区南堀江1-24-7
☎ 06-6531-5354
🕐 11:00〜19:00　休 木曜
　（祝日の場合は前日の水曜）
🚇 地下鉄四ツ橋駅4番出口から徒歩7分

堀江 ▶ MAP 別 P.12 C-3

居心地抜群な食堂カフェでほっと一息

TABLES Coffee Bakery & Diner
タブレスコーヒーベーカリー＆ダイナー

広々とした開放的な空間が心地よいカフェ。SNSで話題のスイーツやパンケーキをはじめ、パスタやハンバーグなどのランチも充実。天気のいい日はぜひテラス席へ！

🏠 大阪市西区南堀江2-9-10
☎ 06-6578-1022
🕐 11:00〜19:00、金・土曜は〜20:00　休 不定休
🚇 地下鉄桜川駅5番出口から徒歩6分

堀江 ▶ MAP 別 P.12 B-3

TABLES Coffee Bakery & Dinerでは、レーズンサンドや6Cチーズケーキなどのおしゃれな手みやげも揃う。人気店の味を持ち帰ろう。

SHOPPING 08

グルメ天国を満喫！
三大百貨店in梅田のデパ地下へ！

銘菓から話題の最旬グルメまで、選りすぐりの商品が揃うデパ地下。目当てのものがきっと見つかる安心感が魅力。まずは梅田の三大百貨店へ行けば間違いなし。

DAIMARU

全世代に寄り添う品揃え
大丸梅田店
だいまるうめだみせ

あらゆる客層をターゲットにした、幅広い商品展開が好評。地下の「ごちそうパラダイス」には、銘菓や惣菜、洋菓子など旬のグルメが勢揃い。

🏠 大阪市北区梅田3-1-1 ☎050-1780-0000(代) ⏰10:00～20:00(レストランフロアは11:00～23:00) 🚫不定休
🚉 JR大阪駅中央南口からすぐ
梅田 ▶MAP 別P.18 B-2

惣菜(B1F)
ポール・ボキューズ
希少部位トモサンカクの
贅沢しっとり
ローストビーフパヴェ仕立て
100g 1166円

1頭から2～3kgしか取れないと言われる希少部位、トモサンカクを使用。真空調理によるジューシーな仕上がりが魅力

惣菜(B1F)
道頓堀今井
お手軽きつねうどん
1人前 918円

じっくりと炊きあげた肉厚のきつね揚げとおだし、モチモチ食感の大阪うどんが三位一体となった今井で一番の人気商品

HANKYU

トレンドの最先端を行く
阪急うめだ本店
はんきゅううめだほんてん

暮らしの劇場をコンセプトに、日常を彩るトレンド商品が充実。関西の名店や話題のグルメが集結しており、イベントも多数開催。

🏠 大阪市北区角田町8-7 ☎06-6361-1381(代) ⏰10:00～20:00※変更の場合あり。最新の情報は公式サイトを確認 🚫不定休 🚉阪急大阪梅田駅から徒歩3分
梅田 ▶MAP 別P.18 C-2

スイーツ(B1F)
マサヒコオズミパリ
モンブラン ジャポネ ノワール
1個 961円

ニットのような模様が印象的。洋栗を使用した甘さ控えめのモンブランムースが濃厚で、まるで栗を食べているかのよう

スイーツ(B1F)
一心堂
いちご大福白あん
1個 400円

堺の老舗が手掛ける大福。糖度や酸味にこだわった厳選いちごを柔らかな餅で包んだ、素材の持ち味が引き立つ一品

HANSHIN

活力あふれる食の阪神
阪神梅田本店
はんしんうめだほんてん

食の阪神として親しまれる百貨店。大阪らしい商品はもちろん、他では手に入らない洋菓子や日本各地の逸品など魅力的なグルメが揃う。

🏠 大阪市北区梅田1-13-13 ☎06-6345-1201(代) ⏰10:00～20:00(フロアにより異なる) 🚫不定休
🚉 JR大阪駅中央口から徒歩2分
梅田 ▶MAP 別P.18 B-2

スイーツ(B1F)
バニ
アソートギフトM
(ミルフィユ6個・ケーキ4個・サンドクッキー6枚) 3240円

バニラを主役とした、風味豊かな3種のアソート。お菓子ごとに違う印象で香る、芳醇な甘い香りが魅力

アルコール(B1F)
箕面ビール
おさるIPA
330ml 561円

複数のホップの香りと苦みが絶妙な、のど越しの良いビール。箕面のおさるをモチーフにしたラベルがキュート

WHAT IS
大阪の百貨店の呼び方はちょっと違う!?

関西では百貨店の店舗を「○○みせ」と呼ぶことが多い。たとえば、大丸心斎橋店は「だいまるしんさいばしみせ」という。これは、棚の上に商品を並べる「見世棚」という言葉に由来するのだとか。「見世」がのちに「店」となったが、「てん」と呼ぶようになった経緯は謎のまま。

スイーツ (B1F)

ウメダチーズラボ
キャラメルサンドウィッチ
6枚入 1296円

芳醇なキャラメルと濃厚なチョコレートを、チーズを練り込んだラングドシャで挟んだ、とろ〜りサクサクの焼き菓子

スイーツ (B1F)

りくろーおじさんの店
焼きたてチーズケーキ
1個 1065円

デンマークから直輸入したクリームチーズがたっぷり。底にちりばめられた、シロップ漬けのレーズンが良いアクセント

スイーツ (B1F)

中島大祥堂
丹波栗のパイ「くりまる」
648円

サクサクのパイ生地の中に、金時芋のペーストと丹波栗がまるまる一粒入った贅沢な一品。焼きたてに出合えるチャンスも

惣菜 (B1F)

カレーパンノヒ
角切りビーフカレーパン〈中辛〉
1個 540円

肉と野菜の旨みが詰まった、コク深いカレーパン。カレーパングランプリ2023西日本揚げカレーパン部門で最高金賞を受賞

惣菜 (B1F)

豆狸
豆狸いなり
1個 119円

香り高い金胡麻に椎茸、干瓢、ふっくら甘いお揚げが愛され続ける、いなりずし専門店「豆狸」の代表商品

スイーツ (B1F)

comemari
アソート
27袋入 189g 3564円

お米に合う素材の旨みを存分に引き出した、上品で大人なスナック菓子。サクッとふんわり食感が新しい

惣菜 (B1F)

大阪胡椒餅
大阪胡椒餅
1個 341円

台湾名物の胡椒餅をアレンジ。黒胡椒と五香粉が香る豚肉がゴロゴロ入った、外はサクッ、中はモチッな食感が楽しい

スナック菓子 (B1F)

カレーのくち
カレーのくちアソート3種
24枚入り 1080円

スパイスの魅力が詰まったカレーせんべい。豊かな風味が織りなす、本格的なスパイスカレーの味わいがクセになる

スイーツ (B1F)

福壽堂秀信
ふくふくふ珈琲
1個 270円

丸福珈琲店の珈琲と自家製の餡を練りこんで焼き上げた、しっとりもっちり食感の蒸しケーキ。唯一無二の味わいをぜひ

※価格は変動の場合あり

TOURISM 01

歴史都市・大阪のシンボル

大阪城天守閣で見たい5つのもの

地上55m、5層8階の大阪城天守閣は、黄金の装飾が燦然と輝く国の登録有形文化財。城内は貴重な歴史資料や美術品などを展示。最上階から望む大阪の景色に気分は天下人!?

その1 《天守閣》

現在の天守閣は、豊臣時代、徳川時代に続く3代目。昭和6(1931)年に市民の寄付金によって復元

青空を背景に凛とそびえ立つ大阪のまちのシンボル

beautiful view

春には梅と天守閣が奏でる美しい光景が

「大阪城御座船」(⇒P96)からの見物もおすすめ

花見シーズンには多くの市民が訪れる

その2 《2F｜伏虎(レプリカ展示)》

現在の天守閣で使われている伏虎や鯱などの原寸大レプリカは迫力も◎

その3 《3F｜黄金の茶室原寸大模型》

秀吉の作った組み立て式茶室を原寸大で復元。そのまばゆい世界にびっくり！

その4 〖5F｜ミニチュア夏の陣〗
激闘となった真田幸村隊と松平忠直隊の激戦をミニチュア人形で再現！

その5 〖8F｜展望台〗
地上50mから、広大な大阪城と大阪のまちを一望

黄金の鯱（しゃちほこ）と大阪の景観が調和した絶景！

beautiful view

大阪城天守閣をプチ図解

- 8F 天守閣
- 7F
- 6F 立ち入り不可
- 5F ミニチュア夏の陣
- 4F
- 3F 黄金の茶室原寸大模型
- 2F 伏虎（レプリカ展示）
- 1F

最上階までは階段で

1F〜5Fまでエレベーターで上り下りできる

WHAT IS
兜・陣羽織試着体験
豊臣秀吉や真田幸村をはじめとする有名武将の兜（かぶと）レプリカを試着できる。大阪城の天守閣のパネルをバックに記念撮影も可能。気分はまるで歴史の登場人物！（1回500円）

歴史を刻む大阪の名城
大阪城天守閣
おおさかじょうてんしゅかく

年間200万人以上が訪れるスポット。石垣の上に建てられた巨大な天守と広大な城郭は、名古屋城や熊本城など名だたる名城のひとつとして称された。

🏠 大阪市中央区大阪城1-1　☎06-6941-3044（大阪城天守閣）06-6755-4146（大阪城パークセンター）　⏰9:00〜17:00（入館は閉館の30分前まで）※季節により開館時間延長あり　🚫12月28日〜1月1日　🚃JR大阪城公園駅から徒歩15分

大阪城 ▶MAP 別P.5 E-3

令和7（2025）年4月には、初代大坂城の石垣を展示する「大阪城 豊臣石垣館」がオープン！

TOURISM／大阪城／海遊館／梅田スカイビル／梅田ダンジョン／あべのハルカス／なんばグランド花月／水上さんぽ／アートさんぽ／ホテル／上方伝統芸能

TOURISM 02

歴史と自然だけじゃない！
大阪城公園でしたい4つのコト

大阪城は天守閣だけじゃない！広い敷地を誇る大阪城公園は、自然や歴史に触れられるスポットが多数！グルメやショッピングもできちゃう！

その1 内堀クルーズ

黄金色に輝く和船で大阪城の内堀を遊覧するお堀巡り！船から見上げる大阪城天守閣は、よりダイナミック！

天下一の黄金色の御座船
大阪城御座船
おおさかじょうございぶね

日本一の高さを誇る石垣や魔除けの人面石、大名の刻印も間近に見えて迫力満点！天下の名城を肌で感じ、大阪の歴史の奥深さを体験できる。

🏠 大阪市中央区大阪城2 ※発着は極楽橋西側（天守閣北側）
☎ 080-3764-3773（現地券売所、運航時間中のみ受付）
🕙 10:00〜16:30の間、15〜30分間隔で運航 🈳 荒天・機材調整などで変更・中止あり
💴 1500円

大阪城 ▶ MAP 別P.5 E-3

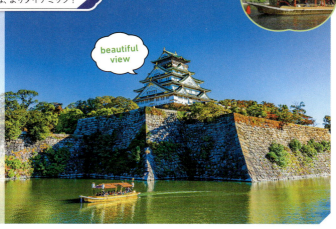

beautiful view

その2 史跡散策

公園内に残る歴史的遺構を散策。しっかり見学する場合は時間に余裕を持ちたい。

Taiko! Hideyoshi

蛸石（たこいし）
高さ5.5m、幅11.7m、重さ約108tと、城の石としては日本一の大きさを誇る巨石

まちに生きる歴史と自然の宝庫
大阪城公園
おおさかじょうこうえん

総面積105.6haの広大な敷地を誇り、西の丸庭園や梅林をはじめ、数々の史跡が点在。

🏠 大阪市中央区大阪城 ☎ 06-6755-4146 🈳 常時開園
🈳 無休（園内各施設は休館日あり） 🚃 JR大阪城公園駅からすぐ 💴 無料（園内各施設は利用料設定あり）

大阪城 ▶ MAP 別P.5 E-3

大阪城豊國神

「太閤さん」を祭る神社
大阪城豊國神社
おおさかじょうほうこくじんじゃ

大阪城内桜門の正門に鎮座。境内には海に面した大阪にちなみ海洋をテーマに作庭された「秀石庭」がある。

豊臣秀吉、秀頼、秀長を祭る神社。農民から天下人になった秀吉にあやかり出世開運の神として信仰を集める

🏠 大阪市中央区大阪城2-1
☎ 06-6941-0229 🈳 境内自由

大阪城 ▶ MAP 別P.5 E-3

大阪城公園MAP

- 御座船乗り場
- 大阪城
- 大阪城 梅林
- ミライザ大阪城
- 豊國神社
- JO-TERRACE OSAKA
- 大阪城公園駅

HOW TO
大阪城公園内の便利な移動手段

大阪城公園駅付近やJO-TERRACE OSAKAと大阪城天守閣をつなぐ移動手段を活用して。

ロードトレイン
☎06-6755-4178　⏰9:30～17:00　休第1木曜(祝日の場合は翌日)
※運行日、運航時間は公式WEBサイト等で要確認

その3 お花見

大阪城公園は、早春に色とりどりの花を咲かせる梅や毎年大勢の人でにぎわう桜の名所！

《見頃》2月中旬

《見頃》4月上旬

梅
園内の梅林は、約1245本105品種の梅が植えられ、早春になると色とりどりの花をつける

桜
重要文化財に囲まれた西の丸庭園をはじめ、園全体を3000本の桜が埋め尽くす

その4 グルメ&ショッピング

大阪城公園内の2つの複合施設は、カフェ&レストラン、おみやげ店などが充実！

beautiful view

JO-TERRACE OSAKA
JR大阪城公園駅に直結する複合エリア。「歩いてお茶して、緑の中の城下町」をコンセプトに、飲食店の他、インフォメーションなども揃う

historical

ミライザ大阪城
ヨーロッパの古城を思わせる雰囲気で、第四師団司令部庁舎をリノベーション。装飾も優雅な館内でグルメやショッピングを楽しめる

現代の城下町を思わせる施設
JO-TERRACE OSAKA
ジョー テラス オオサカ

緑豊かな公園と調和した和モダンな空間が立ち並ぶ様子は、さながら現代の城下町のような雰囲気。

🏠 大阪市中央区大阪城3-1
☎06-6314-6444　営休店舗により異なる
大阪MAP 別 P.5 F-3

お好み焼き 1

フレンチ 2

1 大阪を代表するお好み焼き店が営む「名代 千房」など大阪グルメもたくさんある　2 実力派シェフ監修のコース料理を楽しめる「キャッスルガーデン OSAKA」

歴史的建造物をリノベーション
ミライザ大阪城
ミライザおおさかじょう

天守閣を目の前にBBQやタパス料理を楽しめる店や、フィギュアが並ぶミュージアムなども。

🏠 大阪市中央区大阪城1-1
☎06-6755-4320　営休店舗により異なる
大阪MAP P.5 E-3

イタリアン 1

BBQ 2

1 洗練された料理を提供する「crossfield with TERRACE LOUNGE」　2 ルーフトップテラスがある「BLUE BIRDS ROOF TOP TERRACE」

大阪城築城400年を記念して造られたのが「大阪城ホール」。国内外の有名アーティストによるライブやコンサート、スポーツ競技などが開かれる。

TOURISM
大阪城／海遊館／梅田スカイビル／梅田ダンジョン／あべのハルカス／なんばグランド花月／水上さんぽ／アートさんぽ／ホテル／上方伝統芸能

TOURISM 03
海の生き物に会いにいこう！
海遊館＆大阪ベイエリアを楽しみつくす！

環太平洋のさまざまな自然環境を体験できる海遊館。事前にポイントを押さえておけば、より楽しさも倍増するはず！

海遊館をマストで楽しむポイント ①

巨大水槽の ジンベエザメに会おう！

海遊館をマストで楽しむポイント ②

アクアゲートで 魚たちと一体になろう！

4〜6F 太平洋
ジンベエザメ
世界最大の魚類。大きな体に似合わず、プランクトンが好物

海遊館をマストで楽しむポイント ③

海遊館のアイドルから 推しを見つけよう！

3〜4F 北極圏
ワモンアザラシ
大きな瞳と丸い体型がキュート。輪のような斑点模様が名前の由来

 8F 日本の森

 7F 南極大陸

コツメカワウソ
カワウソの仲間で最も小型の種類。四肢の指に小さな爪があることから命名

オウサマペンギン
ペンギンの中で2番目に大きな種類。足の上に卵を置いて温める姿がおなじみ

海遊館をマストで楽しむポイント ④

クラゲになった気分で 癒されよう！

3F 海月銀河
照明を落とした空間にクラゲが泳ぐ丸型水槽を設置。宇宙を浮遊するような気分で観賞できる

館内フロアマップ

- アリューシャン列島
- モンタレー湾
- ハマナ湖
- エクアドル熱帯雨林
- 日本の森
- 8F
- 瀬戸内海
- 7F
- 日本海溝
- 6F
- 5F
- グレート・バリアリーフ
- 4F
- クック海峡
- タスマン海
- 南極大陸
- チリの岩礁地帯

WHAT IS
海遊館にいる生き物の種類は？

館内は、メイン水槽のジンベエザメや北極圏のアザラシ、南極大陸のペンギンをはじめ、約62種類3万点もの生き物が暮らす。8階の地上エリアからどんどん深い海底へと進む展示方法もユニーク。

海遊館をマストで楽しむポイント 5
推しのグッズは忘れずにゲット！

3630円
ぬいぐるみエラ付ジンベエザメ
ジンベエザメの大きな口からつながる、エラやエラ穴まで忠実に再現したぬいぐるみ

1800円
ぬいぐるみアザラシ（S）
生まれたての赤ちゃんアザラシがモチーフの、海遊館オリジナルぬいぐるみ

世界最大級の水族館
海遊館
かいゆうかん

累計800万人以上の来館者を誇る、世界最大級規模の水族館。ユニークな建物のシルエットは大阪を代表するシンボルのひとつ。

- 🏠 大阪市港区海岸通1-1-10 ☎06-6576-5501
- 🕙 10:00〜20:00（最終入場閉館1時間前）※季節により変わる
- 休 1月に2日間
- 🚇 地下鉄大阪港駅1番出口から徒歩5分
- 💰 2700円※変動あり

大阪港 ▶ MAP 別 P.20 A-3

Marketplace
海遊館から徒歩4分

天保山大観覧車
高さ112.5m、直径約100mの世界最大級の観覧車。晴れた日は明石海峡大橋や関西国際空港などを見渡せる

海遊館のすぐ近く
天保山マーケットプレースも行ってみよう！

天保山マーケットプレース
てんぽうざんマーケットプレース

海が見えるおしゃれなレストランや手軽なフードコートをはじめ、約80店が集う。小動物と触れあえる屋内全天候型の動物園も。休日には多彩なイベントやストリートパフォーマンスも上演される。

- 🏠 大阪市港区海岸通1-1-10
- ☎ 06-6576-5501
- 🕙 店舗により異なる
- 🚇 地下鉄大阪港駅1番出口から徒歩5分

大阪港 ▶ MAP 別 P.20 A-3

Marketplace
海遊館から徒歩1分

なにわ食いしんぼ横丁
昭和40（1965）年頃の街並みをイメージ。大阪を代表する老舗のなにわグルメを堪能できる

Marketplace
海遊館から徒歩1分

レゴランド®ディスカバリー・センター大阪
数百万個のレゴ®ブロックが集結！バラエティ豊かなアトラクションを楽しんで

海遊館の近くにある天保山公園には、標高4.5mの日本一低い山として有名な天保山がある。

TOURISM 04

海外旅行者からも大人気!
ナニワの凱旋門
梅田スカイビルへのぼろう!

「世界の建築トップ20」に選ばれたこともある梅田スカイビルへ。ユニークな建築と空中庭園展望台からの絶景は必見! ビルの27階にある美術館では絵の中に飛び込む3D映像体験を楽しもう!

まるで青空と一体化しているような美しい外観にうっとり

ガラス張りの壮大なビルは梅田を象徴するランドマーク

海外からも注目!
梅田スカイビル
うめだスカイビル

空中庭園展望台でビル2棟を連結させた世界屈指の技術が海外でも評価。39・40階と屋上に広がる展望台が人気だ。下層階のお好み焼きや串カツなど大阪グルメが中心の店舗がズラリと並ぶ「昭和レトロ商店街 滝見小路」も訪れたい。

🏠 大阪市北区大淀中1-1-88
☎ 06-6440-3899 🕐施設により異なる 🚉 JR大阪駅中央北口から徒歩7分
梅田 ▶ MAP 別 P.8 B-2

Yahho~! So High! Hi! Grand! So Large!

✦ 自然との調和も見どころ! ✦

希望の壁
きぼうのかべ

世界的建築家・安藤忠雄氏が発案。高さ9m、長さ78mの巨大緑化モニュメント。四季に応じて表情が変わる

花野〜新・里山〜
はなの〜しん・さとやま〜

約8000㎡の公開空地に日本の原風景「里山」を手本に植栽が行われた憩いの空間。野鳥や蝶なども訪れている

中自然の森
ちゅうしぜんのもり

神社の「鎮守の森」を参考に約2100本の木々を植栽。大滝や渓流などもあり、都会とは思えない風景が広がる

南 South 超高層ビルが立ち並ぶ梅田の夜景に感動♪

北 North 淀川や市街地、箕面の山々が一体化した光景を望める

西 West 雄大なサンセットを楽しむなら夕方に訪れたい

大都会のきらめく夜景をひとりじめ！

ルミ・スカイ・ウォークは**天の川**
幾千の光が放つ幻想的な世界に包まれるひとときを過ごして

地上173mからの絶景に感動
梅田スカイビル 空中庭園展望台
うめだスカイビルくうちゅうていえんてんぼうだい

梅田スカイビルの39・40階、屋上の3フロアで構成された展望施設。地上173mの高さから360度に広がる大阪の大パノラマを見渡せる。時間や季節によって表情も異なるので、何度も訪れたいスポットだ。

☎06-6440-3855（空中庭園展望台）
営 9:30〜22:30（最終入場22:00）
※変更の場合あり、特別営業日あり
休 無休　料 2000円

空中庭園展望台までのルート

空中庭園展望台までのルートも見どころがたくさん！テンションもきっと高まるはず！

1　3F｜出発ゲート
タワーイースト1階の空中庭園入口から3階へ。「空中エレベーター」に乗って移動

2　35F｜シースルーの「空中エスカレーター」
39階へと続くトンネルは人気のフォトスポット。異世界気分も満喫できちゃう！

3　RF｜空中庭園展望台
まるで空中をおさんぽするような気分で屋外展望フロアを散策しよう！

スカイビルをプチ図解

173m
タワーウエスト（西棟）
タワーイースト（東棟）

マストバイなおみやげもチェック！

ハートロックベア ぬいぐるみ（S）
たくさんのコレクターがいることで有名なご当地ベアの梅田スカイビル限定バージョン
4070円

梅田スカイビル カプセルフィギュア
「海洋堂」の手によって精密再現された梅田スカイビル。何色が出てくるかはお楽しみ♪
1回500円

WHAT IS

地上27階でアートを楽しもう！
3D映像で楽しむフレスコ画
絹谷幸二天空美術館
きぬたにこうじてんくうびじゅつかん

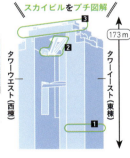

文化勲章受章画家・絹谷幸二氏の美術館。アフレスコ（壁画の古典技法）で描いた代表作や彫刻品などを展示する。絵の中に飛び込んで絹谷ワールドを味わえる世界初の3D映像体験が人気。アートな空間で絶景を楽しめる天空カフェでひと休みして。

☎06-6440-3760　営 10:00〜18:00（金・土曜、祝前日は〜20:00）※最終入場閉館30分前　休 火曜（祝日の場合は開館、翌平日休）、展示替え期間　料 1300円

☀ 好きな文字を無料で刻印できる「ハートロック付きWebチケット」3300円も人気。事前購入がおすすめだ。

TOURISM｜大阪城｜海遊館｜梅田スカイビル｜梅田ダンジョン｜あべのハルカス｜なんばグランド花月｜水上さんぽ｜アートさんぽ｜ホテル｜上方伝統芸能

TOURISM 05

迷っても楽しい!?大阪名物の超巨大地下街はグルメ天国
梅田ダンジョンさんぽ&ごはん

まるで巨大迷路のような複雑さから「梅田ダンジョン」といわれる梅田の地下街。グルメ、アパレル、雑貨、立ち呑み、占いなど…たくさんのお店が並ぶ。宝探しのような感覚を楽しもう。

梅田ダンジョンの歩き方

1 迷ってしまったら、ダンジョンのほぼ中央にある「阪急うめだ本店」や「阪神梅田本店」に入ってリセット。案内表示に沿って、行きたい方向の出口へ向かおう。

2 ダンジョンの沼にハマり不安になったらWhityうめだの**センターモール**にある「**案内所**」で尋ねよう。

3 サクッと小腹を満たしたいなら、Whityうめだからディアモール大阪に入るところにある**スナックパーク**(→P.61)へ。大阪の日常も感じられて楽しい。

WHY なぜ巨大な地下街に?
駅へのアクセスの地下通路が先にでき、後に周辺ビルの地下街が次々に接続されたことなどが理由といわれる。

阪急三番街⇒
中之島方面のルート
徒歩約17分(約1.2km)

E 梅田ダンジョンのラスボス?巨大ビル群の地下フロア

大阪駅前ビル
おおさかえきまえビル

JR大阪駅の南側に並び立つ4棟のビル街。地下フロアには庶民的な飲食店が集まり、なかには昭和から続く名店も。ビル内だけで充実したはしご酒もできる、飲ん兵衛の聖地でもある。

大阪市北区梅田1　店舗により異なる　JR北新地駅直結
梅田　MAP 別P.18 C-3

豚々亭
とんとんてい

多彩な豚肉料理を提供。あっさりしょう油ベースの甘辛ダレにからめたトンテキが人気を集める。
☎06-6341-7123　11:00～22:00(LO21:00) ※日曜、祝日は21:00(LO20:00)　無休

ごはんSPOT

ボリューム感とコスパの良さが魅力のトンテキ定食200g1080円

A 地下に川が流れるショッピング＆グルメセンター

阪急三番街
はんきゅうさんばんがい

阪急大阪梅田駅直結。世界初の人工の川が流れるショッピングセンターで約250店舗がずらり。フードホール（→P.60）もある。

🏠 大阪市北区芝田1-1-3　☎06-6371-3303
🕐 ショッピング・サービス10:00～21:00、飲食店 10:00～23:00（店舗により異なる）　休 不定休　交 阪急梅田駅直結　`梅田` ▶MAP 別P.18 B-1

とんかつKYK
とんかつケーワイケー　**ごはんSPOT**

安心安全にこだわる鹿児島黒豚などを使うとんかつは、あっさりとした後味も魅力。

☎06-6372-5580　🕐11:00～22:30（LO21:00）　休 施設に準ずる

鹿児島黒豚ロースとんかつ膳 2380円

泉の広場⇒福島駅方面のルート
徒歩約20分（約1.3km）

泉の広場
迷ったらココに集合!?

かつてあった噴水が名前の由来で、待ち合わせスポットとして有名。集合スポットにして。

「樹木と水」がモチーフのモニュメントが現在のシンボル

B 乗り換えの人でにぎわう明るい地下街

ホワイティうめだ
ホワイティうめだ

JR・阪神・阪急・大阪メトロがつながる巨大ターミナルに位置。飲食店など約180店が軒を連ね、1日約30万人が通行する。

🏠 大阪市北区小松原町梅田地下街4-2　☎06-6312-5511
🕐 休 奇数月第3木曜　交 地下鉄梅田駅・東梅田駅直結
`梅田` ▶MAP 別P.18 C-2

NOMOKA
ノモカ　**ごはんSPOT**

「ちょっとノモカ！」と気の合う仲間を誘うように、気軽に立ち寄れる店が並ぶバル街。

☎店舗により異なる　🕐11:00～23:00（店舗により異なる）　休 奇数月第3木曜

泉の広場の隣に立地。名店や人気店などが目白押し！

C イタリアを感じるスタイリッシュな地下街

ディアモール大阪
ディアモールおおさか

イタリアの街並みをイメージした空間が特徴の地下街。通路幅を広くとった各ストリートに、おしゃれなカフェなど約90店舗が並ぶ。

🏠 大阪市北区梅田1丁目 大阪駅前ダイヤモンド地下街1号　☎06-6348-8931
🕐 休 店舗により異なる　交 地下鉄梅田駅直結　`梅田` ▶MAP 別P.18 B-3

ムシベジプラスカフェ
ごはんSPOT

色とりどりの野菜せいろを中心とした健康ごはんが充実！ヘルシー志向のメニューが揃う。

☎06-6442-5639　🕐10:00～22:00　休 施設に準ずる

VEGIプレート 1155円～

ドージマ地下センター
ドージマちかセンター

通称「ドーチカ」と呼ばれる地下街。長さ250mの通路の両側に、飲食店や食料品をはじめ約60の店舗が並ぶ。西梅田とビジネス街の堂島を往来する人々の活気であふれる。

🏠 大阪市北区堂島1丁目　🕐 休 店舗により異なる　交 地下鉄西梅田駅直結
`梅田` ▶MAP 別P.8 C-3

new KOBE 堂島店
ニュー コウベ どうじまてん　**ごはんSPOT**

厳選した素材の持ち味を活かした本格的なしゃぶしゃぶをリーズナブルな価格で提供。

☎06-6344-7680　🕐11:00～22:00（LO21:30）
※土曜は～21:30（LO21:00）、日曜は～16:00（LO15:30）、祝日は～17:30（LO17:00）　休 第3日曜

肉、野菜、ミニうどん、選べるドリンクがセットのビールセット 1760円～

WHAT IS
新梅田食道街
しんうめだしょくどうがい

JR大阪駅東側の高架下に100店舗近くの飲食店が立ち並ぶ、老舗の食堂街も訪れよう！

🏠 大阪市北区角田町9-26　🕐 休 店舗により異なる　交 阪急大阪梅田駅からすぐ
`梅田` ▶MAP 別P.18 B-2

半世紀以上も前に造られた、地下街と地上の換気を行っていた「梅田吸気塔」は、まるで現代アートのオブジェのよう。阪急うめだ本店南側の地上にある。

103

TOURISM 06

地上300mの世界へいらっしゃい！
あべのハルカスで空中さんぽ

高さ300mを誇る超高層複合ビル「あべのハルカス」。58〜60階の「ハルカス300（展望台）」からのシティービューは圧巻！絶景を彩られたカフェタイムも素敵♪

NICE VIEW! Wow! SO TALL!

展望台直行エレベーターで60Fへ
帰りは59Fから

60F ハルカス300（展望台）へGO！

DAY TIME　MAGIC HOUR

300m

1 最上階のメインフロアは天井から足下までガラス張り。屋内回廊を巡って360度の大パノラマを楽しんで　2 街が黄金色に輝くマジックアワーは感動的な景色！

【 360度に広がる絶景を天上回廊から鑑賞！】

有頂天気分で空中散策
ハルカス300（展望台）
ハルカスサンビャク てんぼうだい

58〜60階の3フロア全てが展望台。お食事やお酒なども楽しめるカフェやハルカス300（展望台）キャラクター「あべのべあ」のグッズが買えるショップなども併設する。

NIGHT
華やかなネオンがきらめく美しい夜景に思わずうっとり

☎06-6621-0300　⊙9:00〜22:00（最終入場は21:30、詳細は公式サイトをご参照）　㊡無休　￥2000円（当日券はあべのハルカス16Fチケットカウンター（8:50〜21:30）、前売り入場券はハルカス300の公式サイトで）
天王寺　▶MAP 別P.17 F-3

まずは16Fのチケットカウンターへ

高さ300mを誇る超高層複合ビル
あべのハルカス

平成26（2014）年に全面開業して以来、大阪観光のスポットとしてもすっかり定着。ハルカス300（展望台）に加え、百貨店や美術館、ホテルやオフィスなどが入る。

→P.138

WHAT IS
ハルカス300(展望台)のキャラクター「あべのべあ」の秘密とは?

ハルカス300(展望台)のキャラクター「あべのべあ」夕焼けが見える時は姿が変わるのだそう。レアな瞬間に立ち会えるチャンスは公式サイトで確認!

あべのべあグッズもチェック!

あべのべあ フェイスクッション 2860円

あべのべあ かたのりマスコット 1430円

PHOTO GENIC!

フォトジェニックな空間で写真撮影も楽しもう!

58F 天空庭園&SKY GARDEN300でひと休み♪

パインアメ ソフトクリーム 600円

あべのプリン 680円

ブカドック 1100円

大阪銘菓のパインアメとコラボしたソフトクリームや雲に見立てたマシュマロとあべのべあがかわいいプリンなど、ここでしか味わえないフード&スイーツが多数

居心地のよい吹き抜け空間で過ごせる天空庭園

1 夕暮れの絶景にうっとり
椅子に腰掛けて沈む夕陽をじっくり眺めたい

2 冬期限定のあったかこたつ席
こたつに入って鍋料理をいただけるイベント「かこむ de こたつ」

夜景を楽しみながらのディナーもおすすめ(画像はイメージ)

天空の庭園でほっこり休憩タイム
SKY GARDEN300
スカイ ガーデンサンビャク

58階にあるカフェ。ユニークな限定フード&スイーツのほか、眼下に広がる大阪の街並みを眺めながらゆっくりとした時間を過ごすダイニングやバーも用意。

☎06-4399-9181
🕘9:30~22:00 (LO21:30)
㊡ハルカス300(展望台)に準ずる

ハルカス300(展望台)からは、天気のいい日は、明石海峡大橋や淡路島、京都方面まではるか見渡すことができる。

105

TOURISM 07

365日毎日公演！
ココが笑いの殿堂！
「なんばグランド花月」に行っとこ！

お笑い好きでなくても訪れたいなんばグランド花月（通称：NGK）。吉本最大規模の劇場で、漫才やコント、落語、吉本新喜劇……と、本場の笑いに触れてみて。

大阪の文化「お笑い」を発信するホーム劇場

ある日の公演例

開場 10:30 / 開演 11:00

西川きよし／中川家／海原やすよ ともこ／ブラックマヨネーズ／ザ・ぼんち／桂三度／ハイキングウォーキング／藤崎マーケット

休憩

吉本新喜劇

終演 13:30頃

チケットの買い方は？

オペレーター対応

☎0570041-356（10:00〜18:00／年中無休）
FANYチケット専用ダイヤルでもチケットを購入可能。電話では予約のみなので、ファミリーマート、劇場窓口のいずれかで、定められた期間内に別途決済・発券が必要。※ファミリーマートでの決済・発券にはチケット代金とは別に手数料が必要

ネットで購入

https://yoshimoto.funity.jp/
FANYチケットWEBでの購入は「FANY ID」を登録（無料）して利用。※一般販売初日の10:00から公演開始2時間前まで受付

劇場・店頭で購入

一般販売日の翌月からなんばグランド花月劇場チケット売り場にて購入可能。チケット売り場窓口は、平日10:00、土・日曜、祝日は9:00にオープン。

365日・朝から晩まで公演！
なんばグランド花月
なんばグランドかげつ

お笑い劇場として国内最大の858席を有し、レトロ調の館内は「古き良き日本」を感じられる。365日、朝から晩までお笑い公演を開催。

🏠大阪市中央区難波千日前11-6 ☎06-6641-0888
🕐本公演は平日11:00〜14:30〜（土曜は10:00〜、13:00〜、16:00〜、19:00〜／日曜・祝日は10:00〜、13:00〜、16:00〜）※変更の場合あり※夜公演は公式サイトを確認 🚫無休 🚃各線なんば駅3番出口から徒歩5分 💴本公演は1階席5000円、2階席4500円（前売り・統一、大人・子どもにかかわらず一律。全席指定）

なんば ▶ MAP P.19 F-3

なんばグランド花月は漫才・落語・コントと吉本新喜劇の2部制

本公演は、平日は1日2回、土曜は1日4回、日曜・祝日は1日3回公演。所要時間は約2時間。

上方演芸を満喫！
漫才・落語・コント

大看板の師匠クラスから、実力派の中堅、今をときめく人気の若手芸人まで、バランスのよい番組構成が特徴。開演から約1時間半、ノンストップで次々と披露される吉本芸人の至極の話芸に、客席の笑いが止まらない！

西川きよし（にしかわきよし）
小さなことからコツコツと！観客に元気を発信するレジェンド

桂文珍（かつらぶんちん）
2010年紫綬褒章、2014年大阪市民表彰文化功労賞ほか、多数受賞。落語家として人気を誇る一方で、TVやラジオなどでも活躍

海原やすよ ともこ（うなばらやすよ ともこ）
姉のともこ（右）と妹のやすよ（左）の姉妹コンビで、実力はピカイチ。関西では冠番組を多数持ち、人気も抜群

中川家（なかがわけ）
兄の剛（左）と弟の礼二（右）の兄弟コンビで、「M-1グランプリ」初代王者。モノマネも抜群の看板芸人

個性派4座長が指揮する
吉本新喜劇

4人の座長を中心に、100人以上の座員を抱える吉本新喜劇。2024年に65周年を迎え、毎日50分の喜劇を上演。お決まりのギャグやドタバタな展開はもちろん、時には涙を誘うストーリーも。

アキ
「いーよ〜」とすぐに許すギャグでおなじみ。2024年「吉本新喜劇座員総選挙」で3年連続1位を獲得

すっちー
大阪のおばちゃんがモデルの「すち子」で人気。破天荒キャラで周囲を笑いの渦に！

酒井藍（さかいあい）
初の女性座長として30歳の若さで就任。愛されキャラの人気者

吉田裕（よしだゆたか）
「乳首ドリル」で一躍人気に。強靭な喉でツッコみ、笑いを巻き起こす！

WHAT IS
「よしもと漫才劇場」で未来のスターに出会おう！

お笑い界の将来を担う若手芸人中心の常設劇場。漫才やコントなどネタはもちろん、単独ライブやユニット、企画ライブなどの公演を365日開催。お笑いスターが誕生するその瞬間を目にして。

フースーヤ
リズムと独特のワードセンスで観客を虜にする、期待の若手としても注目の漫才師

ドーナツ・ピーナツ
2015年結成。NSC東京出身ながら中田カウスに弟子入りし、しゃべくり漫才の王道を歩く

天才ピアニスト
「THE W2022王者」、「第八回上方漫才協会大賞」も受賞した実力派女性コンビ

勢いあふれる若手お笑いが集結
よしもと漫才劇場
よしもとまんざいげきじょう

平成26（2014）年にオープン。305席ある館内は、若手芸人のファンなどでいつも大賑わい。なんばグランド花月の真向かいにあるので、1日で2つの劇場をはしごするのもおすすめ。

🏠 大阪市中央区難波千日前12-7 YES-NANBAビル5F ☎ 06-6646-0365 ⏰ 公演により異なる 休 不定休 🚇 各線なんば駅3番出口から徒歩5分 **なんば** ▶ MAP P.19 E-3

吉本新喜劇は、昭和34（1959）年、前進の「吉本ヴァラエティ」がスタートしたことから歴史が始まった。

TOURISM 08

爽やかな風を感じて…
水の都・大阪を巡る アーバンクルーズ

水の都・大阪を体験するなら、クルーズを楽しむのはいかが？ 爽やかな風を感じられるクルーズ船に乗って、いつもと違った角度から街を眺めると新しい発見があるかも。

Aqua Liner

大阪城港からスタート！

アクアライナーから見たい景色 3選

その1 大阪城
おおさかじょう

豊臣秀吉が栄華を極めた大阪城。新鵬野橋(しんしぎのばし)辺りからその雄姿を確認！

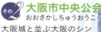

その2 大阪市中央公会堂
おおさかしちゅうおうこうかいどう

大阪城と並ぶ大阪のシンボル。レトロな趣の建築も、リバービューからだとより美しく

その3 桜・紅葉
さくら・こうよう

春は桜、秋は紅葉の景色に感動！ 普段見られない場所からの光景に思わずうっとり

アクアライナーの秘密を大解剖！

その1 アップダウン・ルーフ
低い橋をくぐれるように、屋根が30cm下がる機能を完備(緊急時に可動)

その2 ウォーターバード・ビュー
まるで水鳥の目線のように大阪の街を一望。水鳥に出会うことも

その3 ピーピング・ブリッジ
天井がガラス張りなので、橋の裏側までしっかり眺められる

水都大阪の定番クルーズ
大阪水上バス アクアライナー
おおさかすいじょうバス アクアライナー

約55分かけて大川の水面を滑るように走る観光船。大阪の名所旧跡を違った目線で楽しめる。船内からは、いくつもくぐる橋や、四季折々の風景を楽しめる。

🏠【大阪城港】大阪市中央区大阪城2番地先［八軒家浜船着場］大阪市中央区天満橋京町1 ☎06-6942-5511 🕘【大阪城港】10:00〜16:00の間、毎時00分出航［八軒家浜船着場］10:30〜15:30の間、毎時30分出航(時期により異なる、詳細は公式サイトを確認) 🚫公式サイトを確認 💴周遊コース2000円、区間乗船1500円 春季(3/25〜4/10)は運航内容が異なる
【大阪城】▶MAP 別 P.5 F-3

アクアライナー航路MAP

海遊館西はとばから スタート！

Santa Maria

サンタマリアから見たい景色3選

その1 ベイエリア

全長980mを誇る真っ赤なボディの港大橋をはじめ、ベイエリアの名所は大迫力！

その2 咲洲&夢洲（大阪・関西万博会場）
さきしま&ゆめしま（おおさか・かんさいばんぱくかいじょう）

大阪・関西万博会場も海上から眺めると、また違った景色に。大屋根リングが見えるかも

その3 サンセット

トワイライトクルーズを選ぶならぜひ観たいサンセット。マジックアワーに思わず胸キュン

船内もCHECK！

サラ・デ・ビスタ
乗船料＋500円で利用可能（ワンドリンク付）
ゆったり船旅を楽しめたいならファーストクラス（3階特別室）を利用するのがおすすめ

サラ・デ・コロン
航海の世界に興味津々
コロンブスの部屋（1階客室）では船舶の航海に必要な機器類を展示。船への興味がより深まるかも

サラ・デ・パティオ
ドリンクや軽食を販売！
中庭の部屋（2階客室）でゆっくりと食事をしながら、船窓に流れる美しい景色を楽しんで♪

WHY 大阪が「水の都」と呼ばれる理由

昔の名残がある船着場

江戸時代には大阪の発展にともない、堀川が多く整備。舟運に利用され、川沿いには各藩の蔵屋敷や倉庫が並び大阪の発展に大きな役割を果たした。そのことから「水の都」と呼ばれている。

サンタマリア航路MAP

巨大な観光船で大阪港を優雅に航海

サンタマリア

新大陸に到達したコロンブスの旗艦「サンタマリア号」をモチーフに、約2倍の規模で建造。海遊館西はとばを出航し、約45分かけて大阪港をゆったりと周遊。ベイエリアのコース内は、見どころも満載だ。

📍 大阪市港区海岸通1-1-10 海遊館西はとば
☎ 06-6942-5511 🕐 11:00〜16:00の間、毎時00分出航（トワイライトクルーズは期間限定運航）※デイクルーズ・トワイライトクルーズ共に時期により異なる、詳細は公式サイトを確認 🌐公式サイトを確認 🚇地下鉄大阪港駅1番出口から徒歩10分 💴デイクルーズ1800円、トワイライトクルーズ2300円

USJ ▶ MAP 別 P.20 A-3

TOURISM 大阪城 海遊館 梅田スカイビル 梅田ダンジョン あべのハルカス なんばグランド花月 水上さんぽ アートさんぽ ホテル 上方伝統芸能

「水の都」大阪には、縦横に張り巡らされた堀川を使ってさまざまな商品が各地に運ばれてきた。

109

TOURISM 09
絵画に仏像、陶磁に建築…、アートがあふれる
中之島でアートなおさんぽ

美術館や建築などが集まる中之島は、大阪屈指のアートなエリア。2つの川に囲まれ、自然も近くに感じられる中之島で、「アートなさんぽ」を楽しんじゃおう♪

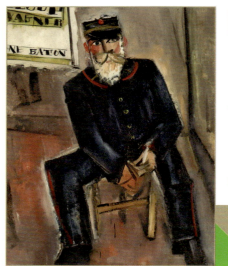

佐伯祐三《郵便配達夫》大阪中之島美術館所蔵

A 大阪アートシーンの新拠点
大阪中之島美術館
おおさかなかのしまびじゅつかん

構想から約40年を経て誕生した美術館。19世紀後半から今日までの日本・海外の代表的な美術・デザイン作品を核に、地元大阪で繰り広げられた豊かな芸術活動にも目を向け、計almost6000点を所蔵する。常設展示はなく、多彩な企画展やイベントを通じて、アートの魅力を発信している。

🏠大阪市北区中之島4-3-1 ☎06-6479-0550 営展覧会により異なる 休月曜（祝日の場合は翌平日）※展覧会により異なる 交京阪渡辺橋駅2番出口から徒歩5分 料展覧会により異なる
中之島 ▶MAP 別 P.10 B-1

黒壁の建物が特徴！

この作品を鑑賞しよう

佐伯祐三
《郵便配達夫》
昭和3（1928）年

佐伯祐三の晩年の傑作。体を斜めに傾けて椅子に座った姿だが、動的な勢いや力強さを感じさせる。

提供：国立国際美術館

この作品を鑑賞しよう

ジョアン・ミロ
《無垢の笑い》
昭和44（1969）年

大阪万博のパビリオンに掲示された、スペインの巨匠の作品。1977年の開館当初から所有

B 現代アートのトレンドを発信
国立国際美術館
こくりつこくさいびじゅつかん

世界的にも希少な完全地下型の美術館。国内外の現代美術作品のコレクション展や、多彩な特別展を開催する。

🏠大阪市北区中之島4-2-55 ☎06-6447-4680 営10:00～17:00（金・土曜は～20:00) 休月曜（祝日の場合は翌平日）、展示替え期間 交京阪渡辺橋駅2番出口から徒歩5分 料430円（特別展・共催展は別料金）
中之島 ▶MAP 別 P.10 B-2

竹をイメージしたオブジェ

C 意欲的な特別展を開催
中之島香雪美術館
なかのしまこうせつびじゅつかん

朝日新聞創業者の村山龍平が収集した美術品を所蔵。近年はモネやルノワール、刀剣など注目の展覧会も行う。

この作品を鑑賞しよう

国指定重要文化財
木造薬師如来立像
平安時代

香雪美術館蔵（展示期間は要問い合わせ）

🏠大阪市北区中之島3-2-4 中之島フェスティバルタワー・ウエスト4F ☎06-6210-3766 営10:00～17:00（最終入館16:30) 休月曜（祝日の場合は翌平日）、展示替え期間 交地下鉄肥後橋駅4番出口、京阪渡辺橋駅12番出口直結 料展覧会により異なる
中之島 ▶MAP 別 P.10 C-1

ビルの中に茶室も再現

カヤ材の一木造。豊かな顔の輪郭や横に長い目、丸みを帯びたまぶたには、インド的な要素も感じられる。

この作品を鑑賞しよう

魅惑の東洋陶磁の世界に没入

D 大阪市立東洋陶磁美術館
おおさかしりつとうようとうじびじゅつかん

世界的に有名な「安宅コレクション」を寄贈されたことを記念して設立。現在、5691件の鑑蔵品は、東洋陶磁のコレクションとしては世界最大級。

↑ 大阪市北区中之島1-1-26 ☎06-6223-0055 ◷ 9:00～17:00(最終入館～16:30) ㊡月曜(祝日の場合は翌平日) ◉京阪なにわ橋駅1番出口からすぐ ¥展覧会により異なる
中之島 ▶ MAP 別 P.11 F-1

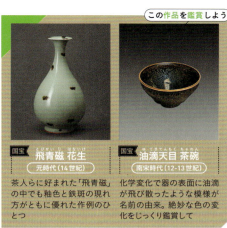

国宝 **飛青磁 花生** (とびせいじ はないけ)
元時代(14世紀)

国宝 **油滴天目 茶碗** (ゆてきてんもく ちゃわん)
南宋時代(12-13世紀)

茶人らに好まれた「飛青磁」の中でも釉色と鉄斑の現れ方がともに優れた作例のひとつ

化学変化で器の表面に油滴が飛び散ったような模様が名前の由来。絶妙な色の変化をじっくり鑑賞して

2024年にリニューアル!

大阪市立東洋陶磁美術館(住友グループ寄贈/安宅コレクション) 写真:西川茂

中之島おさんぽMAP

この建築を鑑賞しよう

国指定重要文化財
大阪市中央公会堂
大正7(1918)年竣工

堂島川と土佐堀川に挟まれ、木々の緑に映えるルネサンス様式の美しい外観は、大阪を象徴する光景

この建築を鑑賞しよう

国指定重要文化財
大阪府立中之島図書館
明治37(1904)年竣工

外観はルネサンス様式を、内部はバロック様式を基本に構成。格調高い雰囲気を感じられる

 中之島のシンボル

E 大阪市中央公会堂
おおさかしちゅうおうこうかいどう

大阪の株式仲買人・岩本栄之助の寄付を元に、大正7(1918)年竣工。アインシュタインやヘレン・ケラーなど著名人の講演会も数多く開催された。

↑ 大阪市北区中之島1-1-27 ☎06-6208-2002 ◷ 9:30～21:30 ㊡第4火曜(祝日の場合は翌平日) ◉地下鉄淀屋橋駅1番出口から徒歩5分 ¥無料
中之島 ▶ MAP 別 P.11 E-1

夜の公会堂も素敵♪

 壮大なスケールを誇る知の宝庫

F 大阪府立中之島図書館
おおさかふりつなかのしまとしょかん

明治37(1904)年、住友家の寄贈により建設された図書館。石造り三層、銅葺きのドームがそびえる重厚な建物が市民に親しまれている。

↑ 大阪市北区中之島1-2-10 ☎06-6203-0474 ◷ 9:00～20:00(土曜は～17:00) ㊡日曜、祝日、3・6・10月の第2木曜 ◉地下鉄淀屋橋駅1番出口から徒歩5分 ¥無料
中之島 ▶ MAP 別 P.11 E-1

ドーム式の中央ホール

5月中旬と10月中旬に見頃を迎える中之島公園のバラ園。水辺の景観と調和した光景は必見だ

111

TOURISM 10

特別なステイ体験を！
大阪を120%楽しむホテル3選

せっかく大阪に来たなら宿泊体験もおもしろいものにしたい！
夜までめいっぱい楽しめる、ほかにはない個性的なホテルをご紹介。

とことん大阪を感じるリラックス空間

トラやタコなど大阪らしいおちゃめなモチーフや花火が打ち上がる

1 観光スポットを描いた「OSAKAボード」が賑やかで楽しい「いどばたスイート」　2 方角によっては通天閣を中心に美しい夜景が広がる「コーナーツインルーム」　3 OMOカフェ&バルカウンター　4 新世界の見どころを巡る「ほないこか、ツウな新世界さんぽ」

120%楽しむPOINT
ナイトイベントももりだくさん！
大阪をテーマにした「なにわネオンアート」や、テラスデッキでたこ焼きとクラフトビールが味わえる「湯上りご近所スタンド」など、ユニークなイベントが目白押し

ツアーや季節イベント多数
OMO7 大阪 by 星野リゾート
オモセブン おおさか バイ ほしのリゾート

ナニワのシンボル通天閣がある新世界からすぐの好立地。広大なガーデンエリアや洗練されたパブリックスペースでは一日中快適に過ごすことができる。新世界や串カツ屋を巡るユニークなツアーもあり。

🏠 大阪市浪速区恵美須西3-16-30
☎ 050-3134-8095　🛏 436室　🚃 各線新今宮駅からすぐ、大阪メトロ動物園前駅からすぐ、ユニバーサル・スタジオ・ジャパンまで無料シャトルバス（要予約）
天王寺　▶MAP 別P.16 C-2
料金 1泊朝食付き1室3万8000円〜
IN 15:00　OUT 11:00

112

寺院が密集する寺町に佇む
和空 下寺町
わくうしたでらまち

約80の寺院が密集する大阪四天王寺エリアにある宿坊型のホテル。国内でも珍しい宿坊体験ができるホテルは海外からの人気も高い。全室バス・トイレ・ベッド付き。和モダンな設えで、身も心もリラックスできる。

- 🏠 大阪市天王寺区下寺町2-5-12
- ☎ 06-6775-7020(受付7:00〜23:00)
- 🛏 26室 🚇 大阪メトロ四天王寺前夕陽ヶ丘駅5番出口から徒歩7分
- 天王寺 ▶ MAP 別 P.17 E-1
- 料金 1泊朝食、体験付き1室1万1500円〜
- IN 15:00 OUT 10:00

新感覚!外国人にも人気 体験型の宿は

歴史深い寺町に佇むホテル。朝食にはヘルシーな精進料理が味わえる

120%楽しむPOINT
宿坊体験で寺社文化を知る

写経や坐禅などに無心で取り組むことで呼吸や姿勢が整い、日々の緊張やストレスなどがほぐれるという。坐禅は近隣寺院の僧侶による本格的な指導を受けられる。非日常な体験をぜひ味わって

1 薄く印刷された般若心経をなぞり書く写経体験 2 やわらかなお香の香りに癒されるフロントロビー 3 姿勢を正して呼吸に集中する坐禅体験

名建築家が手がけるデザイン
W 大阪
ダブリュー おおさか

モダンな内装デザインや光の演出が圧巻のラグジュアリーホテル。対照的にシックでミニマルな外観デザインは世界的建築家・安藤忠雄氏によるもの。プールやジム、カクテルバーなど大人女子に嬉しい設備が揃う。

- 🏠 大阪市中央区南船場4-1-3
- ☎ 06-6484-5355 🛏 337室 🚇 大阪メトロ心斎橋駅3番出口から徒歩3分
- 心斎橋 ▶ MAP 別 P.13 D-2
- 料金 1泊素泊まり1室6万4515円〜
- IN 15:00 OUT 12:00

活気あふれる繁華街エリアでラグジュアリーなホテル体験を

大阪都心部を一望できる「マーベラスキングスイート」

120%楽しむPOINT
まるで近未来な内装にうっとり

各客室からパブリックスペースに至るまで、モダンなインテリアや照明で構成された空間が広がる。ミラーボールや電光掲示板を思わせるサインなど、特別な夜を予感させる煌めきに感動

1 館内へと続くアライバルトンネル 2 幻想的な雰囲気を楽しめる屋内プール 3 青と白を基調にしたモダンな雰囲気が漂うレストラン「Oh.lala…」

個性的な空間やサービスで夜のホテルステイを満喫&エネルギーチャージ!

11 初心者も楽しめる 上方伝統芸能にホレボレ♡

大阪や京都を中心とする「上方」では、落語や歌舞伎、文楽といった独自の芸能が発展。大阪の人々の生活にも浸透する多彩な伝統芸能に触れてみるのはいかが。

上方落語 - Kamigatarakugo -

生國魂神社の境内で繰り広げた話芸が起源。三味線や太鼓などの楽器を取り入れたにぎやかな演出が特徴。親しめる話が多く初心者も聞きやすい。

まぁ〜こっち入り〜

桂米朝門下の落語家、桂米紫(べいし)さん

見事な話芸に魅了される 上方落語

HOW TO

上方落語のポイント

見台(けんだい)
小拍子で音を出し場面転換したり、書き物机などに見立てたりする小さな台

膝隠し
見台の前に置く小さな衝立(ついたて)のこと

小拍子(こびょうし)
場面転換などで鳴らす小ぶりの拍子木

手拭
本や手紙、たばこ入れ、財布などに見立てて使用する

扇子
箸や釣り竿、刀、槍、銚子、キセルなどに見立てて使う

どんな噺があるの？

高津の富
「自分は鳥取の大金持ち」とホラを吹く男がわずかなお金で富くじの札を買うことに。その結果は…。

三十石夢通い路
旅噺「東の旅」の最後を飾る噺。昔の京都から大阪までの船旅を、多彩な登場人物を通じて展開する。

大阪の人気寄席に行ってみよう！

通常、天満天神繁昌亭は前売りチケットまたは当日窓口でチケットを購入。動楽亭は当日料金を支払うシステム。どちらも観光の途中にフラリと訪れることができる。

戦後60年ぶりに復活した寄席
天満天神繁昌亭
てんまてんじんはんじょうてい

平成18(2006)年にオープン。ベテランから若手までの落語家の他、漫才やマジックなどの色物も上演。

 天神橋筋商店街

🏠大阪市北区天神橋2-1-34 ☎06-6352-4874 ⏰【昼席】公演時間13:30〜16:10(開場時間13:00)【夜席】開演時間・料金・内容などは日替わり ⏰5月第3土・日曜 🚇地下鉄南森町駅4-B出口から徒歩3分 💰一般：前売2500円、当日2800円　天神橋筋商店街 ▶MAP 別P.21 E-2

公演を観るには 窓口またはセブンイレブン店内設置のマルチコピー機、チケットぴあで購入可能。原則、公演日の2ヶ月前の同日から販売(窓口以外は別途手数料が必要)

故・桂ざこば師匠が開設
動楽亭
どうらくてい

通天閣の近くにあり、桂米朝一門を中心とした常設の寄席。毎月1日〜20日まで毎日落語会が開かれる。

 新世界

🏠大阪市西成区山王1-17-6 ☎06-6365-8281(米朝事務所) ⏰毎月1〜20日(開場13:30) ⏰毎月21〜末日 🚇地下鉄動物園前駅1番出口からすぐ 💰2500円(当日受付のみ・予約不可)
新世界 ▶MAP 別P.17 D-2

公演を観るには 前売りチケットはなく、当日入口で料金を支払って鑑賞(支払いは現金のみ)

「道頓堀の凱旋門」と呼ばれ、長年親しまれたネオ・ルネサンス洋式の特徴的なファサードが目印

上方歌舞伎 - Kamigatakabuki -

京都・大阪の上方で発展し、庶民的な町人を主人公に人間の情愛を描いた話が特徴。江戸歌舞伎の「荒事」に対し、やわらかで優美な演技は「和事」と呼ばれる。

公演を観るには
「チケットWeb松竹」または「チケットホン松竹」(0570-000-489)、残席がある場合は劇場窓口でも購入可能

男女の恋物語に引き込まれる… 上方歌舞伎

画像提供：松竹株式会社

関西初の本格洋式劇場
大阪松竹座
おおさかしょうちくざ

道頓堀

江戸時代から続く芝居街・道頓堀に、大正12（1923）年、関西初の本格的な洋式劇場として建築・開場。歌舞伎をはじめ、松竹新喜劇など多彩な公演を上演する。

🏠 大阪市中央区道頓堀1-9-19　☎06-6214-2211　営 公演により異なる　交 各線なんば駅14番出口からすぐ
道頓堀 ▶MAP 別P.19 D-1

三位一体の総合芸術 文楽

「文楽」のために造られた大劇場
国立文楽劇場
こくりつぶんらくげきじょう

日本橋

ユネスコの無形文化遺産に登録された人形浄瑠璃「文楽」を観劇できる劇場。1階の資料展示室では文楽関係の貴重な資料を中心に展示され、文楽の世界に触れられる。

🏠 大阪市中央区日本橋1-12-10　☎06-6212-2531　営 公演により異なる（資料展示室は10:00〜18:00）　休 不定休　交 各線日本橋駅7番出口からすぐ　料 公演により異なる（資料展示室は無料）
日本橋 ▶MAP 別P.7 D-1

公演を観るには
「国立劇場チケットセンター」またはプレイガイドで購入可能。残席がある場合に限り、当日券を会場で販売

文楽 - Bunraku -

日本を代表する伝統芸能の一つ。語り手の「太夫」、音楽の「三味線」、舞台上の「人形」が一体となった総合芸術。歌舞伎や落語など他の伝統芸能にも強い影響を与えている。

文楽の人形
文楽の人形は、一体を3人の人形遣いが操る、世界でも例を見ないもの。微妙な動きや心情を表現し、人間以上に観る人に訴えかける

かしら（娘）

上方の「上」とは御所があった京都に敬意を表した言葉。広く関西地方を指す言葉としても使われている。

115

読めば快晴 ハレ旅 STUDY

わざわざ行きたい 大阪の祭・イベント

昔から賑わった大阪の祭 ぜひ立ち寄ってみて

「祭」とは「神を祀る」というのが語源だが、一年のうちの数日は神様が本殿から外へ出るなど特別な日があり、普段とは違う行事を行う。その日に人々は着飾り、雅楽などではやし立てて練り歩く。その特別な日を「祭」と呼ぶ。
日本の祭は春夏秋冬に分けられ、特に春と秋の祭は米の収穫を祈願したり祝ったりする農村の色が強い。一方夏の祭は、人が多く集まる都市部で疫病退散を願うという意味が強い。
大阪は1400年以上前から交通の要衝として栄えた賑やかな街。日本有数の都市部であったことから疫病不安が大きく、大阪では毎日どこかしらで「夏祭」が行われていたという歴史がある。

大阪三大祭とは？

「愛染祭」「天神祭」「住吉祭」の三つを総称して「大阪三大夏祭」または「浪花三大夏祭」と呼ぶ。大阪の夏は愛染に始まり住吉で終わるとも言われ、「あい（愛）すみ（住）ません（天）」という言葉の語源となったという説もある。

愛染まつり
毎年6/30〜7/2に開催。秘仏愛染明王の特別ご開帳や、宝恵駕行列などの行事で盛り上がる。

天神祭
日本三大祭でもある祭典。この日だけは神様が天満宮から外へ出て土地の平和や民の無事のため巡幸する。

住吉祭
大阪中をお祓いする「お清め」の意義がある祭。茅の和をくぐる儀式や重さ約2トンの大神輿の巡行が見どころのひとつ。

大阪らしい屋台グルメを堪能！

祭に訪れて楽しみなのは屋台グルメ！ 大阪グルメと言えば「粉もん」だが、屋台のメニューも「粉もん」がたくさん。今ここでしか味わえないグルメをぜひ堪能してみて。

イカ焼き
小麦粉の生地に細かく切ったイカを挟んでソースを塗ったもの。

はしまき

お好み焼きを割り箸で巻いたもの。九州など西日本で多くみられる。

たこせん

えびせんべいにたこ焼きをのせ、揚げ玉をトッピングしたもの。

WHAT IS 大阪のだんじり

独特の掛け声 "そーりゃー"

大阪の西南部で盛んな、300年以上の歴史と伝統を誇る祭。繊細かつ豪快なだんじり（山車）を方向転換させる「やりまわし」が醍醐味の一つ。

116

季節ごとの祭・イベントに訪れよう

いつ訪れても賑やかで楽しい大阪だが、祭やイベントのときの賑わいは格別！ 季節ごとにさまざまな祭・イベントがあり、その時期を狙って訪れるのもおすすめ。

  春

4月 造幣局桜の通り抜け

独立行政法人造幣局本局構内の通路、全長約560mいっぱいに広がる桜は大阪の春の名物詩。開催時期は4月上旬頃の1週間で、事前申込制（先着）。訪れる際には公式サイトを確認の上計画を立てるのがおすすめ。また会場内での飲食や喫煙は禁止なので注意。

八重桜が多いが、ほかにもさまざまな種類がある。提供：造幣局

 夏

7月 天神祭

毎年7月24日に宵宮、25日に本宮が催される。25日の夜には大川に100隻あまりの船が行き交う船渡御が行われ、奉納花火が夜空を彩る。

道頓堀川まで勢いよくこぎまわる

7月 令和OSAKA天の川伝説

2009年から毎年7月7日に開催されている祭で、天満橋～天神橋周辺の大川で願いを託した"いのり星"を放流する。水面に浮かんだ光の点は幻想的。

令和OSAKA天の川伝説®

  秋

10~11月 万博記念公園コスモス・コキアフェスタ

10月上旬から11月下旬頃に万博記念公園の自然文化園花の丘で開催されるイベント。コスモスやコキア、ミューレンベルギアなど、いろいろな秋の草花でカラフルに彩られる花の丘を堪能できる。開催期間中は関連イベントやフォトジェニックな撮影スポットも登場。美しい花々と一緒に思い出を残そう。

写真提供：万博記念公園マネジメント・パートナーズ

 冬

11~12月 大阪・光の饗宴

大阪の御堂筋を彩る大迫力のイルミネーション。中之島のOSAKA光のルネサンスなどが大阪の夜を美しく幻想的に輝かせる。

2025年度は大阪・関西万博期間中も一部点灯！©大阪・光の饗宴実行委員会

1月 十日戎

1/9～1/11の3日間に斎行される商売繁盛祈願の御祭りで、「えべっさん」とも呼ばれている。笹に小宝・吉兆類を結んだ「福笹」を授かろうと多くの参拝者で賑わう。

正月より盛り上がると言われている

祭やイベントの時期は普段よりも混雑するのでホテルや新幹線などは早めの予約がおすすめ。

進化し続けるトレンドタウン

梅田
UMEDA

JR、大阪メトロ（地下鉄）、阪急、阪神が集結する梅田は、多くの複合施設が立ち並ぶ、キタの中心エリア。商業施設がとても多いので、買い物やグルメを満喫するなら、訪れるルートを事前に決めておきたい。

一大買い物タウン♪

昼：◎ 夜：○

複合施設で買い物三昧を満喫したらおしゃれカフェでひと息ついて。

UMEDA 01
日本最大級のショッピングゾーンへ

複合商業施設が数多く集結する梅田。令和6（2024）年にはKITTE大阪など新たなスポットも誕生！より充実した買い物を楽しめそう！

（ PICK UP! SHOP ）

豊岡鞄
とよおかかばん

かばんの産地である兵庫県豊岡市で技術を育み、確かな品質を護り続ける店が大阪初出店

MASUNAGA1905
マスナガイチキュウゼロゴー

福井県で最初にめがね産業を興し、海外にも展開する「増永眼鏡」のアイウエアショップ

日本各地の魅力が集結！
KITTE大阪
キッテおおさか

JPタワー大阪内にオープンした商業施設。個性あふれるおみやげなど、日本各地の魅力あふれるヒト・モノ・コトが集まる。

JR 大阪駅

KITTE大阪

旧大阪中央郵便局舎跡地に建てられた商業施設とあって「切手」から名付けられた「KITTE」には「来て」という意味も。

撮影：伊藤 彰
アイフォト

2024年開業

梅田の新しい顔！

撮影：伊藤 彰アイフォト

ココがスゴイ！

2階 『Feel JAPAN Journey』
（ええもん にっぽん めぐり）

全国各地のアンテナショップが集まる2階フロア。北海道から沖縄県まで、大阪ではなかなかお目にかかれない特産品に出合える。

3階 暮らしにまつわる地域の銘品がズラリ！
「岡山デニム」「鯖江メガネ」など日々の暮らしをちょっと贅沢にしてくれる「MADE IN JAPAN」のショップでショッピング♪

4階 わが街自慢の人気レストランフロア
大阪では誰もが知るような繁盛店や、日本各地から大阪に初進出する人気店など、バリエーション豊かなレストランが集結！

🏠 大阪市北区梅田3-2-2 JPタワー大阪B1〜6F ☎06-7739-4800 ㊡店舗により異なる 🚉JR大阪駅西口改札直結

梅田 ▶MAP 別P.18 A-3

118

JR大阪駅

LUCUA osaka

西館の「LUCUA 1100（イーレ）」と東館の「LUCUA」の2つのビルで構成された、国内最大級の規模を誇る駅型商業施設。

トレンドが集う駅型商業施設
LUCUA osaka
ルクア オオサカ

B2階と10階には、関西グルメや路地裏の名店などがそろう飲食ゾーンを展開。ショッピング＆グルメをワンストップで満喫できる。

⌂ 大阪市北区梅田 3-1-3 ☎06-6151-1111 営㊡店舗により異なる ㊟JR大阪駅直結

梅田　▶MAP 別 P.18 A-2

ココがスゴイ！
国内最大級の規模を誇る駅型商業施設！
JR大阪駅の改札からすぐという好立地にあり、東館の「LUCUA」と西館の「LUCUA 1100」を合わせると、店舗数が約400！

最旬トレンドをゲットするならココ！
初ものショップが目白押し。全国初、西日本初、関西初と、個性派揃いのショップがズラリ！

**手みやげにぴったりの
スイーツショップも充実！**
「LUCUA 1100」2階トキメキマルシェ内にある人気スイーツショップ7店舗が揃う"SWEETS ZONE"で最新スイーツみやげを買っちゃおう！

（PICK UP! SHOP）

NUGU
ヌグ

インフルエンサーがセレクトしたファッションアイテムなどを取り扱う通販サイト「NUGU」のショップ

MUCHA
ミュシャ

アール・ヌーヴォーを代表する画家・ミュシャの作品の数々からインスパイアされた忘れられない記憶や瞬間を呼び覚ます香りのアイテムを提案

familiar
ファミリア

「ファミリア」初のギフトショップ。バッグやポーチ、ハンカチといった大人の女性に向けた雑貨を中心に展開

うめきた
グランフロント大阪

JR大阪駅の北側に4つのタワーがそびえる「まち」。水と緑あふれる自然のなかで、おさんぽ気分でショッピングを。

うめきたを象徴する超大型複合施設
グランフロント大阪
グランフロントおおさか

高級感あふれる広々とした空間と緑が調和しているのも特徴。ブランドを代表するショップやカフェ併設の「無印良品」などが入る。

⌂ 大阪市北区大深町 4-20 ☎06-6372-6300 営㊡店舗により異なる ㊟JR大阪駅3F改札口からすぐ

梅田　▶MAP 別 P.18 A-1

ココがスゴイ！
**西日本最大級の
複合商業施設**
北館・南館・うめきた広場の3ゾーンで構成。約44000㎡の店舗面積に約260店舗が集う。西日本では最大級の規模を誇る。

うめきた
ヨドバシ大阪タワー

地下4階、地上35階建ての超高層タワーは、JR大阪駅北口の顔としてすっかり定着！

多彩なジャンルの約200店などで構成
ヨドバシ大阪タワー
ヨドバシおおさかタワー

「ヨドバシマルチメディア梅田」に、商業施設約200店舗の「LINKS UMEDA」、巨大なホテルなどが入る大阪梅田のシンボルタワー。

⌂ 大阪市北区大深町 1-1 ☎06-4802-1010 営㊡店舗により異なる ㊟地下鉄梅田駅北口改札からすぐ

梅田　▶MAP 別 P.18 B-1

ココがスゴイ！
**商業施設とホテルが
一体化したシンボルタワー**
約200店舗の商業施設「LINKS UMEDA」と約1000室のホテル「HOTEL HANKYU RESPIRE OSAKA」がひとつに！

複合商業施設のほかにも、阪急・阪神・大丸の百貨店でのショッピングも楽しめる（⇒P.92）。

茶屋町
NU 茶屋町／NU 茶屋町 PLUS

多くの若者で賑わう茶屋町エリアに立地。高感度なショップや飲食店など幅広いジャンルの約100店舗が集結する。

茶屋町のランドマーク
NU 茶屋町／NU 茶屋町 PLUS
ヌーちゃやまち　ヌーちゃやまち プラス

9階建ての「NU 茶屋町」と3階建ての「NU 茶屋町 PLUS」で構成。大人のライフスタイルを提案するショップなどが充実。

ココがスゴイ！
「アニメイト」の大型店舗が誕生！
アニメ・コミック・ゲームの専門店「アニメイト梅田」が2025年春にグランドオープン！推し活するならぜひ訪れて。

🏠大阪市北区茶屋町10-12 ☎06-6373-7371 営ショッピング11:00〜21:00、ダイニング11:00〜24:00（一部店舗により異なる）休不定休 交阪急大阪梅田駅茶屋町口から徒歩3分

梅田　▶MAP 別P.9 D-1

阪急大阪梅田駅
HEP FIVE

直径75mの赤い観覧車が目印の複合商業施設。店先には最新ファッションが並び、トレンドに敏感な多くの若者が訪れる。

待ち合わせスポット♪

若者トレンドの発信地
HEP FIVE
ヘップ ファイブ

アニメやコミックなどのグッズがそろうショップや、人気のキャラクターをモチーフにした料理を楽しめるコラボカフェなども。

ココがスゴイ！
特徴的な赤の観覧車は梅田のシンボル
施設の最上階に設置された観覧車は赤のカラーリングが印象的。大阪を一望できる絶景スポットとしても有名！（→P.123）

🏠大阪市北区角田町5-15 ☎06-6313-0501 営11:00〜21:00（飲食店は〜23:00）休店舗により異なる 交阪急大阪梅田駅中央改札口から徒歩3分

梅田　▶MAP 別P.18 C-1

西梅田エリア
ヒルトンプラザ イースト／ウエスト

ヒルトン大阪に隣接。イースト・ウエストで構成され、誰もが知る有名ファッションブランドなどハイクラスな店が並ぶ。

こちらがウエスト

ハイブランドショップが集結
ヒルトンプラザ イースト／ウエスト

地下2階、地上8階からなる2棟のビル内には、世界中のハイブランドのショップや、通もうなるグルメな店がズラリ。

ココがスゴイ！
世界の人気ブランドが一堂に！
館内には、ルイ・ヴィトンなど世界の有名ブランドショップが集結。大人の時間を楽しむのに最適なレストランやカフェも充実。

🏠【イースト】大阪市北区梅田1-8-16【ウエスト】大阪市北区梅田2-2-2 ☎06-6342-0002 営店舗により異なる 交地下鉄西梅田駅北改札口からすぐ

梅田　▶MAP 別P.18 A-3、B-3

西梅田エリア
HERBIS PLAZA／PLAZA ENT

阪神大阪梅田駅が最寄り駅。世界のラグジュアリーブランドの旗艦店や落ち着いた雰囲気の飲食店がそろう。

ホテルや劇場も入る複合施設
HERBIS PLAZA／PLAZA ENT
ハービス プラザ プラザ エント

HERBIS PLAZAにはメンズブランドが充実。HERBIS PLAZA ENTには、劇団四季の拠点「大阪四季劇場」がある。

ココがスゴイ！
絵になる空間がいたるところに！
落ち着いた外観にアートワークを印象的に取り入れた2棟のビルは、つい散策を楽しみたくなるフォトジェニックな空間。

🏠大阪市北区梅田2-5-25 ☎06-6343-7500 営休店舗により異なる 交地下鉄西梅田駅・阪神大阪梅田駅西口からすぐ

梅田　▶MAP 別P.18 A-3

UMEDA 02
買い物の途中に休憩したい 居心地◎なくつろぎカフェ

広い梅田でショッピングする合間に立ち寄りたい、く
つろげるカフェや喫茶店を3カ所ピックアップ！

茶屋町 我が家のような居心地感
chano-ma 茶屋町
チャノマ ちゃやまち

カフェ・ラウンジ・ダイニングのエッ
センスを融合し、DJブースから流
れる心地よい音楽を添えて、くつ
ろぎの空間を提供。

🏠 大阪市北区茶屋町10-12 NU茶屋
町 9F ☎050-5590-4133 営11:00
～22:00（料理LO21:00）休NU茶屋
町に準ずる 交阪急大阪梅田駅茶屋
町口から徒歩3分

梅田 ▶MAP 別P.9 D-1

クロワッサン
ドーナツ
マンゴーと柑橘
1080円

白を基調と
した店内

自家焙煎コーヒーの豊かな香りに包まれたクラシカルな雰囲気の店内

「21世紀のお茶の間」をコンセプトにした、リラックスムード満点の店内

ホットケーキセット
810円

東梅田 自家焙煎コーヒー香る喫茶店
喫茶サンシャイン
きっさサンシャイン

自家焙煎のコーヒーやオムライス
などが人気のレトロな喫茶店。昔
懐かしいホットケーキは、メープル
シロップをたっぷりかけて食べて。

🏠 大阪市北区曽根崎2-11-8 B2 ☎
06-6313-6797 営7:00～20:00
(LO19:15) ※土・日曜、祝日は8:00
～18:30 (LO18:00) 休第3日曜、不
定休 交地下鉄東梅田駅7番出口か
らすぐ

梅田 ▶MAP 別P.18 C-3

季節の
176タルト
1200円

一枚一枚
丁寧に♪

うめ きた 使い勝手のよさも魅力的
GARB MONAQUE
ガーヴ モナーク

グランフロント大阪のうめきた広場
を一望できるオールデイダイニン
グ。130席のスペースや圧倒的な
開放感のあるテラスなども◎。

🏠 大阪市北区大深町4-1 グランフ
ロント大阪うめきた広場1F ☎050-
5571-1426 営7:30～翌0:30 休グ
ランフロント大阪に準ずる 交JR大
阪駅中央北口から徒歩1分

梅田 ▶MAP 別P.8 C-2

モダンでナチュラル、シックを意識した店内デザイン

淡路麺業の
生パスタランチ
1400円

TOWN
梅田 中崎町 天神橋筋商店街 淀屋橋・北浜 心斎橋・アメリカ村 道頓堀 なんば 新世界 天王寺 鶴橋

梅田の移動には、大人100円で乗車できる「UMEGLE-BUS」を活用するのもおすすめ (⇒P.156)。

UMEDA 03

大阪の人気店や話題店が集結！
昼飲みに行きたい「バルチカ03」

2024年に誕生した「バルチカ03（おっさん）」は、50店舗もの飲食店が集結。和洋中ジャンルを問わず昼飲みも楽しめるんです。

バルチカ 03
バルチカ おっさん

イノゲート大阪内の3フロアに飲食店がひしめく。予約困難な人気店も登場。

☎ 大阪市北区梅田3-2-123 イノゲート大阪3〜5F ☎㊡店舗により異なる ㊡JR大阪駅西口直結

梅田 ▶ MAP 別P.8 C-2

（居酒屋）

大阪立ち飲み名店の姉妹店
わすれな草別邸 酒処すずめ
わすれなぐさべってい さけどころすずめ

梅田の名居酒屋「わすれな草」の新店舗。鮮度抜群のお造りや寿司、おでんなどのほか、国産ウイスキーのハイボールは自称「日本一の品ぞろえ」！

☎06-6136-8299（予約不可）
㊀11:00〜23:00

（鉄板焼き）

ミナミで愛される串焼きの名店
鉄板神社
てっぱんじんじゃ

厳選した牛肉や鶏肉、豚肉、魚介、野菜など全40種類の創作串料理を提案。A5等級の特選黒毛和牛のステーキや鉄板焼きそばなどもおすすめ。

☎06-6147-8330（予約可）
㊀11:00〜23:00
㊡不定休

（韓国料理）

韓国へプチトリップ♪
小さな韓国 あぷろ03
ちいさなかんこく あぷろゼロサン

ランチタイムは韓国風「あぷろチゲ鍋」を、夜は調味料やキムチにこだわる本場仕込みの韓国料理を創作。現地を思わせる店内の雰囲気も魅力的。

☎090-7217-0451（予約可）
㊀12:00〜23:00（土・日曜、祝日11:00〜）
㊡不定休

（天ぷら）

堺で深夜のみ営業する話題店
天ぷら大吉
てんぷらだいきち

堺の魚市場で深夜のみ営業し、床一面に広がるアサリの貝殻で有名な天ぷら店。揚げたての天ぷらと魚を知り尽くした店主がさばくお造りは絶品！

☎06-6136-7719（予約不可）
㊀11:00〜23:00
㊡月曜（祝日の場合は翌平日）

🍴 UMEDA 04

気軽に立ち寄れるのがうれしい
ガード下のグルメストリート

茶屋町、阪急大阪梅田駅方面でごはんやお酒を楽しむなら、高架下に広がるグルメストリートへ。おしゃれな店が勢ぞろい！

（カフェ）

焼きたてパンとコーヒーで一日をスタート！

THE CITY BAKERY
ザ シティ ベーカリー
☎06-6374-2355　⏰8:00～20:00　㊡不定休

（串揚げ）

高級素材にこだわったひと味違う串揚げはいかが

串揚げキッチン だん
くしあげキッチン だん
☎06-6292-1194　⏰11:00～15:00（LO14:00)、17:00～23:00（LO22:00)　㊡不定休

（イタリアン）

福島の名イタリアンの味を梅田で優雅にいただく

TORERO TAKEUCHI
トレーロ タケウチ
☎06-6376-0777　⏰11:30～14:00、17:30～22:30　㊡月曜、不定休

個性派ぞろいのグルメストリート

茶屋町 **茶屋町あるこ**
ちゃやまちあるこ

阪急電鉄の高架下にのびる弓状の路面型飲食街。カフェやイタリアン、串揚げ、日本酒バルなど、個性的な店舗がズラリと並ぶ。

🏠大阪市北区芝田1-6-2　☎⏰店舗により異なる　🚇阪急大阪梅田駅茶屋町改札口から徒歩2分

梅田　▶MAP 別 P.9 D-1

🍴 UMEDA 05

梅田の夜景にホレボレ
HEP FIVEの観覧車

梅田のテッパンデートスポットとして愛され続けるHEP FIVE観覧車。梅田のど真ん中から眺める美しい夜景は必見！

夜景にうっとり

1周15分の空中散歩♪

ビルの上にある観覧車

阪急大阪梅田駅 **HEP FIVE 観覧車**
ヘップ ファイブ かんらんしゃ

HEP FIVE（→P.120）の屋上にある観覧車で、その真っ赤なルックスは今や梅田を象徴する光景に。夜の幻想的な姿にも心惹かれる。

🏠大阪市北区角田町5-15　☎06-6313-0501　⏰11:00～22:45（最終搭乗時刻）㊡不定休　🚇阪急大阪梅田駅中央改札口から徒歩3分　💴800円

梅田　▶MAP 別 P.18 C-1

TOWN　梅田　中崎町　天神橋筋商店街　淀屋橋・北浜　心斎橋・アメリカ村　道頓堀　なんば　新世界　天王寺　鶴橋

江戸時代に茶屋が並んでいたことから名づけられた「茶屋町」。現代はアートや文化の発信地として親しまれている。　123

空間も楽しむおしゃれエリア
中崎町
NAKAZAKICHO

歴史ある下町の面影が残る街。古民家や商店街などの古き良き空間と、いまどきの新しい店が交錯するレトロな雰囲気は、散歩にもぴったり。風情ある街並みを楽しみながらショップ巡りの旅へ出かけよう！

おしゃれな店が集結

昼：◎ 夜：◎

梅田から徒歩で行ける人気エリア。大阪の今と昔が融合する。

NAKAZAKICHO 01
ノスタルジックな街で食と買い物を満喫

話題のカフェやおしゃれな雑貨店、洗練された飲食店など、注目ショップで心躍るひとときを。

WHAT IS
中崎町のカフェ
カフェ激戦区の中崎町は、レトロかわいい空間や目を惹くスイーツが豊富。最新トレンドをキャッチしよう。

（カフェ）

1. 猫モチーフがかわいいアフタヌーンティーセット1500円
2. 彩り豊かな手作りヤムチャセット1200円は満足感たっぷり

乙女心くすぐる絵本のような世界観
Ⓑねこと焼き菓子のお店 TeaRoom ウリエル
ねことやきがしのおみせ ティールーム ウリエル

キュートな焼き菓子から健康的な食事メニューまで揃う、古民家カフェ。店内のアンティーク家具や隠れ猫探しも楽しい。

🏠大阪市北区中崎西1-11-4 ☎06-6131-6009 ⏰11:30〜22:00、日曜は12:00〜20:00 🈵なし 🚇地下鉄中崎町駅2番出口から徒歩3分

中崎町 ▶MAP 別P.9 E-1

（レストラン）

1. チキンオーバーライス 1100円
2. アメリカンチェリーパイ 650円

NY気分のカフェ＆ダイニングバー
Ⓒ食堂PLUG
しょくどうプラグ

ニューヨークを連想させる、オールデイダイニング。開放感抜群のオープンエアの店内と、鮮やかな料理やスイーツに、気分は海外旅行。

🏠大阪市北区中崎西1-8-3 suehirogari bldg 1F ☎06-6225-8498 ⏰11:30〜22:00 🈵不定休（Instagramを確認） 🚇地下鉄中崎町駅4番出口から徒歩2分

中崎町 ▶MAP 別P.9 E-1

ポップな昭和レトロ雑貨がずらり
Ⓐgreen pepe
グリーン ペペ

昭和レトロなアイテムが豊富な雑貨ショップ。どこか懐かしく、デザイン性に富んだこだわりの品々をぜひ手に入れて。

ポップな商品が店の外までずらり。古着やワンピースは国産品を厳選。

🏠大阪市北区中崎3-1-12 ☎06-6359-5133 ⏰12:00〜18:00（水曜は〜17:00）土・日曜、祝日は〜19:00 🈵火曜 🚇地下鉄中崎町駅2番出口から徒歩2分

中崎町 ▶MAP 別P.9 F-1

（雑貨）

店の外観ロゴにも注目

（居酒屋）

シックな空間で楽しむ洋風おでん
D おでんとお酒 Tōsui
おでんとおさけ トウスイ

元イタリアンシェフが手掛ける、おでんと一品、パスタが楽しめる日本酒バー。旨味たっぷりの洋風なだし汁を使った絶品料理にお酒が進む。

🏠 大阪市北区本庄西1-9-4 ☎070-1373-0194 営17:00〜24:00 休不定休（Instagramを要確認）地下鉄中崎町駅2番出口から徒歩5分

中崎町 ▶MAP 別 P.21 D-1

1. おでん盛り合わせ1750円（種類により異なる）。日本酒（にいだしぜんしゅ）グラス90ml 600円 2. だし汁が香る、自家製ボロネーゼ1000円

濃厚な味わいが魅力！

（喫茶）

純喫茶でノスタルジックな時間を
E cafe 太陽ノ塔 本店
カフェたいようのとう ほんてん

アンティーク家具とカラフルな空間が魅力のカフェ。居心地のいい空間で、フォトジェニックなケーキや彩り豊かな定食を堪能して。

🏠 大阪市北区中崎2-3-12 ☎06-6374-3630 営9:00〜22:00 休不定休（公式サイトを確認）地下鉄中崎町駅2番出口から徒歩2分

中崎町 ▶MAP 別 P.9 F-1

1. 紅茶700円、生チョコタルト804円（ケーキドリンクの注文で50円引き）
2. バターチキンカレー1268円

ドライフラワーに囲まれてうっとり
F Picco Latte
ピッコ ラッテ

胸キュン空間が広がるドライフラワーカフェ。旬のフルーツやエディブルフラワーをトッピングしたフォトジェニックなスイーツが楽しめる。

🏠 大阪市北区中崎西4-1-8 中崎WESTビル1F ☎06-6467-8695 営11:00〜18:00、土・日曜、祝日は〜19:00 休不定休 地下鉄中崎町駅2番出口から徒歩4分

中崎町 ▶MAP 別 P.9 E-1

1. ストロベリーチーズケーキ620円。ボトルドリンクいちごみるく800円いずれもテイクアウト可 2. ほろ苦い甘さのキャラメルバナナチーズケーキ620円

（カフェ）

TOWN / 梅田 / 中崎町 / 天神橋筋商店街 / 淀屋橋・北浜 / 心斎橋・アメリカ村 / 道頓堀 / なんば / 新世界 / 天王寺 / 鶴橋

Picco Latteのチーズケーキは食後でもペロリと食べられる小さめサイズ。メニューは季節ごとに変わるので、最新の情報はSNSをチェック。 125

歩いているだけで楽しい♪

天神橋筋商店街
TENJINBASHISUZISHOUTENGAI

大阪三大商店街のひとつ「天神橋筋商店街」は、全長2.6kmと長さも圧巻。アーケード街なので天気を気にせずブラリ散策できるのもうれしい。ディープな魅力あふれるエリアへ出かけてみて。

つい買い物したくなる

昼：◎ 夜：○

7つの商店街で構成された天神橋筋商店街。道幅の広さや雰囲気の違いにも注目を。

TENJINBASHISUZISHOUTENGAI 01
日本最長クラスの商店街をブラブラ♪

TVの街頭インタビューも行われることが多い、「ザ・大阪」な商店街。エネルギッシュななにわの空気に触れてみて。

超ビッグな提灯！

テントウムシの理由は？

看板や装飾もユニーク!?

天神橋の「天」と掛けたテントウムシのモチーフ

空飛ぶ鳥居！

日本の伝統色を使った鳥居はまるで羽ばたいているかのよう

文楽人形がお出迎え！

天神祭で船に飾られる「お迎え人形」をモチーフにした人形

約800店舗がズラリと並ぶ商店街

● 天神橋筋商店街
てんじんばしすじしょうてんがい

天神橋を基点に、北は天神橋筋7丁目まで伸びる、全長約2.6kmの長さを誇る商店街。約800店舗が軒を連ね、歩くと約40分かかる。

🏠 大阪市北区天神橋1〜7丁目 ☎営休店舗により異なる 🚇地下鉄天神橋筋六丁目駅、扇町駅、南森町駅、JR天満駅、大阪天満宮駅からすぐ

天神橋筋商店街
▶MAP 別 P.21 E-1

学問の神様ゆかりの神社

📷 TENJINBASHISUZISHOUTENGAI 02

「天神祭」で有名な 大阪天満宮をお詣りしよう

「てんまのてんじんさん」と親しまれる大阪天満宮で、祭神・菅原道真公に学問上達と旅の無事を祈願しよう。

E 大阪天満宮
おおさかてんまんぐう

創建は天暦3(949)年。村上天皇が菅原道真公の鎮魂を目的に創建。例年7月24・25日には天神祭が催され、活気にあふれる。

🏠 大阪市北区天満橋2-1-8 ☎06-6353-0025 ⏰9:00～17:00 休無休 🚇地下鉄南森町駅4番出口から徒歩4分

天神橋筋商店街　▶MAP 別P.21 E-3

WHAT IS
天神祭とは？

大阪天満宮の夏の祭礼で、日本三大祭の一つに数えられ、毎年100万人近い観光客で賑わう。

🍴 TENJINBASHISUZISHOUTENGAI 03

商店街の人気グルメも チェック！

レトロな雰囲気も魅力なプリンや、地元民御用達のコロッケなど、ココでしか味わえないグルメもいただこう。

人気御三家 はこれ！

コロッケ 100円

並んでも 食べたい！

ミンチカツ 160円

ハムカツ 100円

商店街の食べ歩きグルメ代表

レトロ かわいい！

自家製クラシカル プリン 480円

心躍るクラシックなプリン
F Cafe Tokiona
カフェトキオナ

名物のプリンは、たっぷりの卵を使用した硬めな食感。コーヒーとブランデーを加えたほろ苦なカラメルソースを絡めてめしあがれ。

🏠 大阪市北区天神橋1-12-19 ☎06-6355-1117 ⏰7:00～18:00(LO17:30) 休水曜 🚇地下鉄南森町駅4番出口から徒歩6分

天神橋筋商店街　▶MAP 別P.21 E-3

D 天神橋 中村屋
てんじんばし なかむらや

昭和30(1955)年創業の惣菜店。揚げたてアツアツをその場で味わうのが定番。小ぶりなのでまとめ買いする地元客も多い。

🏠 大阪市北区天神橋2-3-21 ☎06-6351-2949 ⏰9:00～18:00(土曜は～16:00) 休日曜、祝日 🚇地下鉄南森町駅4番出口からすぐ

天神橋筋商店街　▶MAP 別P.21 E-2

WHERE IS
昔の大阪にタイムスリップ できるミュージアム！？

江戸時代の大坂のまち並みを復元

A 大阪市立住まいのミュージアム
大阪くらしの今昔館
おおさかしりつすまいのみゅーじあむ おおさかくらしのこんじゃくかん

江戸時代から明治・大正・昭和の大阪のまちと住まいの移り変わりが体験できる。時間帯によって様子が変わる仕掛けがおもしろい。

🏠 大阪市北区天神橋6丁目4-20 住まい情報センタービル8階 ☎06-6242-1170 ⏰10:00～17:00(最終入館16:30) 休火曜(祝日の場合は開館)※休館日は変更の場合あり 🚇地下鉄天神橋筋六丁目駅3番出口直結 💴600円

🍴 TENJINBASHISUZISHOUTENGAI 04

気分は大阪のおばちゃん！？ 賑やかな市場をのぞいてみよう！

おおきに！ OOKINI！

プロの料理人も食材を求める市場には、新鮮な食材が盛りだくさん！お土産になりそうなものを求めて訪ねてみるのもおすすめ。

「天下の台所」を象徴する市場

B 天満市場 ぷららてんま
てんまいちば ぷららてんま

大阪城建築当時からある「天満青物市場」の流れを汲む市場。現在は鮮魚や精肉などの食材がズラリと並び、毎日活気にあふれている。

🏠 大阪市北区池田町3-1 ☎06-6351-2738 営店舗により異なる 🚇JR天満駅から徒歩5分

天神橋筋商店街　▶MAP 別P.21 E-1

スタッフの元気なかけ声が響きわたるにぎやかな場内

「天神祭」にも参加する由緒正しい市場

季節のフルーツをどうぞ♪

天神橋筋商店街　▶MAP 別P.21 E-1

🌸 商店街を北から南まで完歩するなら、北のアーケードの基点となる大阪メトロ天神橋筋六丁目駅で降りるのがおすすめ。

レトロな雰囲気漂う

淀屋橋・北浜
YODOYABASHI KITAHAMA

大阪を代表するビジネス街として知られる淀屋橋・北浜エリアは、明治〜昭和初期にかけて建てられたレトロ建築の宝庫。なかには建築を愛でながら過ごせるレストランやカフェも。大人な大阪のまちを楽しんで♪

商都大阪の中心地

昼：◎　夜：◯

多くのレトロ建築が集中するエリア。その美しさにほれぼれ♪

📷 YODOYABASHI KITAHAMA 01

ビジネス街に溶け込むレトロ建築に触れよう

この界隈には、今も異彩を放つ美しい建物があちこちに。まるごと美術館のようなまちをゆっくりと散策しよう。

Since 1935

1日7万人が通るよ！

川と調和する美しい姿
淀屋橋
よどやばし

名前の由来は初代の橋を架けた材木商の淀屋にちなんだもの。デザインが優れた現在の橋は周辺の環境とも調和がとれている。

🏠 大阪市北区中之島1〜中央区北浜3　☎ 06-6615-6818（大阪市建設局道路部橋梁担当）　🕐 通行自由　🚇 地下鉄淀屋橋駅1番出口からすぐ

淀屋橋　▶MAP 別 P.11 E-1

吠えるライオンがかっこいい♪
難波橋（ライオン橋）
なにわばし（ライオンばし）

ライオンの石像があることから「ライオン橋」とも呼ばれる。華麗な照明灯や中之島公園へ続く広い石造りの階段などの設計も見事。

Since 1915

🏠 大阪市北区中之島1〜中央区北浜1　☎ 06-6615-6818（大阪市建設局道路河川部橋梁担当）　🕐 通行自由　🚇 京阪北浜駅26番出口からすぐ

北浜　▶MAP 別 P.11 F-1

Since 1933

御堂筋のランドマーク
大阪ガスビルディング（ガスビル）
おおさかガスビルディング（ガスビル）

戦前の建築界を代表する安井武雄によって設計。黒御影石の低層部と乳白色のタイル張りのコントラストが美しく、御堂筋の景観に溶け込んでいる。

🏠 大阪市中央区平野町4-1-2　🕐 ビル内の一般見学は不可　🚇 地下鉄淀屋橋駅13番出口から徒歩3分

淀屋橋　▶MAP 別 P.11 D-2

Since 1935

高さ7.6mの五代友厚像

円筒形の白亜の外観が美しい
大阪取引所
おおさかとりひきじょ

円筒形の壮大な白亜の外観と、ステンドグラスが美しい玄関ロビーが特徴。建物の前には、近代の大阪発展に携わった五代友厚像がある。

🏠 大阪市中央区北浜1-8-16　☎ 06-4706-0800　🕐 9:00〜16:30（最終受付16:00）※案内付き見学ツアーは月〜金曜の10:00〜、14:00〜（各回45分程度）　🚇 土・日曜、祝日　🚇 地下鉄北浜駅1B出口直結

北浜　▶MAP 別 P.11 F-2

📷🍴 **YODOYABASHI KITAHAMA 02**

名建築やリバービューのランチ&カフェもチェック

空間やロケーションも魅力のレストランやカフェが点在。散歩の合間にランチやティータイムを過ごしてみては。

コクのある深い味わい

特製ガスビルカレー（ビーフ）1980円（サービス料10%別途加算）

大阪の洋食レストランの草分け
ガスビル食堂
ガスビルしょくどう

大阪の欧風レストランの先駆け的存在。クラシカルな空間で伝統的なカレーライスやムーサカなどランチ限定メニューを堪能して。

🏠大阪市中央区平野町4-1-2 ガスビル南館8階 ☎06-6231-0901 営11:30〜21:30（LO20:30）休土・日曜、祝日 交地下鉄淀屋橋駅13番出口から徒歩3分

ギリシャ料理をアレンジしたオリジナル料理・ムーサカ2200円（サービス料10%別途加算）

淀屋橋 ▶MAP 別P.11 D-2

スイーツとドリンク2種類のCset2200円

テラス席で過ごすティータイム
world tea labo
ワールド ティー ラボ

ロンネフェルト社の紅茶、台湾茶、薬膳茶、宇治茶、スペシャルティコーヒーなど、多彩なドリンクで優雅な時間を過ごして。

🏠大阪市中央区北浜3-1-14 タカラ淀屋橋ビル1F ☎06-7777-2323 営10:00〜19:00（LO18:30）休水曜 交京阪淀屋橋駅14-B出口からすぐ

淀屋橋 ▶MAP 別P.11 F-1

看板商品のカカオサンド400円（別途要ワンドリンクオーダー）

実力派ショコラティエが贈る銘品チョコ
Cacaotier Gokan 高麗橋本店
カカオティエ ゴカン こうらいばしほんてん

ビーントゥーバーチョコレートの専門店。2階にあるサロンではチョコレートをふんだんに使ったスイーツやランチを提供する。

🏠大阪市中央区高麗橋2-6-9 ☎06-6227-8131 営10:00〜19:00（サロンは〜LO18:00）休日曜 交地下鉄北浜駅6番出口から徒歩5分

カカオの風味豊かなビーントゥーソフト550円

北浜 ▶MAP 別P.11 E-2

アフタヌーンティー・セット3400円

英国の紅茶&伝統菓子を
北浜レトロ
きたはまレトロ

明治時代に建てられたイギリス建築は登録有形文化財に指定。ティーサロンで、伝統的なスタイルのアフタヌーンティーをいただける。

🏠大阪市中央区北浜1-1-26 北浜レトロビルヂング ☎06-6223-5858 営11:00〜19:00（土・日曜、祝日は10:30〜）休無休 交地下鉄北浜駅26番出口からすぐ

北浜 ▶MAP 別P.11 F-2

🗼 **WHERE IS**

福沢諭吉も入門した大阪大学の原点の地を訪れよう

大阪大学の前身
適塾
てきじゅく

医者・蘭学者、教育者の緒方洪庵を中心に開かれた私塾。福沢諭吉や大村益次郎など、幕末から明治にかけて活躍した人物を輩出した。

🏠大阪市中央区北浜3-3-8 ☎06-6231-1970 営10:00〜16:00 休月曜（祝日の場合は開館）、祝日の翌日 交京阪淀屋橋駅17番出口から徒歩5分

淀屋橋 ▶MAP 別P.11 E-2

🌸 北浜は、鴻池（こうのいけ）をはじめとする両替商や米問屋、米仲買が集まる、金融の中心地として発展した歴史がある。

ウインドウショッピングを楽しむなら

心斎橋・アメリカ村
SHINSAIBASHI AMERICAMURA

大阪を代表する繁華街・心斎橋は、ハイブランドのショップも並ぶ「買い物のまち」。御堂筋を西に渡れば、若者で賑わうアメリカ村が広がる。ユニークな雑貨やおしゃれな古着を求めるならぜひ訪れたい。

ワクワク買い物体験♪

昼：◎ 夜：○

どちらも人通りが絶えない人気エリア。隠れたグルメの店も多い。

📷 SHINSAIBASHI・AMERICAMURA 01

いつも賑やかな心斎橋筋商店街を"心ブラ"

外国人観光客も多い商店街には、洋服店や雑貨店などがたくさん！お気に入りのアイテムを探しに歩いてみよう！

立ち寄りグルメも

WHAT IS

心ブラ しん

昔から買い物のまちだった心斎橋。大正時代には東京・銀座の「銀ブラ」にちなんで「心ブラ」という言葉も流行した。

ミナミを代表する商店街
心斎橋筋商店街
しんさいばしすじしょうてんがい

長堀通の南側から宗右衛門町通まで南北約580m続く商店街。約180店が軒を連ね、休日には約12万人もの買い物客が訪れる。

🏠 大阪市中央区心斎橋筋1〜2丁目
☎ 06-6211-1114（心斎橋筋商店街振興組合） 🈺 店舗により異なる 🚇 地下鉄心斎橋駅南12出口からすぐ

心斎橋 ▶ MAP 別 P.13 E-3

2つのスイーツが夢の合体！
宇治園
心斎橋本店
うじえん しんさいばしほんてん

濃厚な味わいのモンブランをソフトクリームの上にトッピングしたモンテヴェールが評判。抹茶、ほうじ茶、栗の3種類を用意する。

800円

🏠 大阪市中央区心斎橋筋1-4-20 宇治園ビル ☎ 06-6252-7800 🈺 10:00～20:30（変更の場合あり） 🈶 無休 🚇 地下鉄心斎橋駅6番出口からすぐ

心斎橋 ▶ MAP 別 P.13 E-3

🍴 SHINSAIBASHI・AMERICAMURA 02

フードホールもすごい！大丸心斎橋店＆心斎橋パルコ

心斎橋を象徴するデパートと複合施設には、それぞれ実力派店が揃うフードホールを併設！賑やかな雰囲気も楽しんで。

食堂街でもひときわ異彩を放つ大人の遊園地 Bar「FARPLANE」

心斎橋ネオン食堂街

レトロな建物の地下2Fにあるよ♪

心斎橋フードホール

「たこ家 道頓堀くくる」など大阪グルメも充実

美食家も喜ぶグルメが集結
大丸心斎橋店
だいまるしんさいばしみせ

約350席の共有席を擁するフードホール。肉料理やタイ料理など本格派のグルメもそろう守備範囲の広さが特徴。リュクスな空間も魅力的。

🏠 大阪市中央区心斎橋筋1-7-1 ☎ 06-6271-1231 🈺 ショップ 10:00～20:00、フードホール・レストラン 11:00～22:00 🈶 不定休 🚇 地下鉄心斎橋駅4番出口からすぐ

心斎橋 ▶ MAP 別 P.13 E-3

個性派を楽しむならココ！
心斎橋PARCO
しんさいばしパルコ

大阪を代表するネオ酒場や新進気鋭の話題店をはじめ、スナックやバーなど個性的なショップが出店。唯一無二の空間で時間を忘れて過ごせる。

ネオンがおしゃれなフォトスポットも

🏠 大阪市中央区心斎橋筋1-8-3 ☎ 06-7711-7400 🈺 10:00～20:00（飲食 B1F～21:00、飲食 13F 11:00～22:00、飲食 B2F 11:00～23:00） 🈶 無休 🚇 地下鉄心斎橋駅4番出口直結

心斎橋 ▶ MAP 別 P.13 E-2

フレンチと日本の食文化が融合した料理を提供する「赤白」

📷 SHINSAIBASHI・AMERICAMURA 03

若者のトレンド発信地「西の原宿」アメリカ村へ

大阪のファッションや音楽、サブカル文化を発信し続けるアメリカ村は、誕生から50年以上たった今も若者の聖地だ。

関西の若者文化をリード
アメリカ村
アメリカむら

通称「アメ村」。若者文化を半世紀以上前から発信し続ける。エリア内には衣料品店や雑貨店などが並び、いつもエネルギッシュだ。

🏠 大阪市中央区西心斎橋1〜2丁目 ☎店舗により異なる ⏰店舗により異なる 🚇地下鉄心斎橋駅7番出口から徒歩3分

堀江 ▶ MAP 別P.13 D-3

アメ村の中心となる通称「三角公園」は多くの人が集まる憩いの場

WHY なぜ「アメリカ村」と呼ばれているの？
1970年代初頭から倉庫を改装した店舗で古着などが売られ始め、アメリカ西海岸で仕入れた中古レコードや雑貨なども販売されるようになったことがきっかけ。

📷 SHINSAIBASHI・AMERICAMURA 04

遊べるスポットも盛りだくさんな心斎橋BIG STEPへ行こう！

アメリカ村のランドマーク的施設内には、一人でもグループでも楽しめるプレイスポットが充実！

ピンボール
レアでポップなピンボールが集結！

高さ40mもの巨大アトリウムを中心に、人気のアパレルブランドやカフェなどが並ぶ

クレーンゲーム
施設内には、約150台のクレーンゲームや、約1300面以上ものカプセルトイがスタンバイ

カプセルトイ

若者文化の「今」がわかる
心斎橋BIG STEP
しんさいばしビッグステップ

アメ村のど真ん中に立つ複合施設。地上7階、地下2階のスペースに、約40の衣料品店や雑貨店、映画館、ライブハウスなどがそろう。

🏠 大阪市中央区西心斎橋 1-6-14 ☎06-6258-5000 ⏰店舗により異なる 🚇地下鉄心斎橋駅7番出口から徒歩3分

堀江 ▶ MAP 別P.13 D-3

ひといきつこか

アメ村発の人気たこ焼き店
大阪アメリカ村 甲賀流 本店
おおさかアメリカむら こうがりゅう ほんてん

三角公園の目の前にある人気店。7種のダシベースに山芋たっぷりのたこ焼きが自慢。駄菓子感覚のたこせん180円もおすすめ。

🏠 大阪市中央区西心斎橋 2-18-4 ☎06-6211-0519 ⏰10:30〜20:30（土曜、祝前日は〜21:30） 休無休 🚇地下鉄心斎橋駅7番出口から徒歩5分

堀江 ▶ MAP 別P.13 D-3

心斎橋の地名は、「大坂の陣」後の復興を担った岡田心斎という商人が架けた橋が由来。

お祭りみたいに毎日にぎやか！

道頓堀
DOTONBORI

巨大な立体看板がひしめく道頓堀は、ミナミを代表する繁華街。江戸時代初期に私財を投じて開削に着手した安井道頓が名前の由来。グルメやエンターテインメントが集まる道頓堀は大阪で一度は訪れたいエリアだ。

気分はハイテンション！

昼：◎　夜：◎

大阪を象徴する道頓堀の景観はマストで撮影したい。

📷 **DOTONBORI 01**

たくさんの人で賑わう戎橋からスタート！

「道頓堀グリコサイン」がある戎橋は毎日観光客でいっぱい！まずはここから道頓堀観光をスタートしよう！

コテが橋のデザインに！

食品サンプルも作れる！

実は架橋400年以上！
Ⓑ 戎橋
えびすばし

道頓堀の開削と同じ頃の約400年前に架橋。周囲の看板広告と合わせて大阪を代表する景観としても親しまれている。

🏠大阪市中央区道頓堀1-6　☎06-6615-6818（大阪市建設局道路河川部橋梁課）　⏰㊡通行自由　🚃各線なんば駅14番出口から徒歩4分

道頓堀　▶MAP 別P.19 D-1

📷 **DOTONBORI 02**

大阪名物たこ焼きの体験型テーマパークへ！

大阪のソウルフード「たこ焼き」を食べて、学んで、遊んで体験できるスポットでコナモン文化に触れてみて。

気分はたこ焼き名人！
Ⓒ 道頓堀くくる
コナモンミュージアム
どうとんぼりくくる コナモンミュージアム

コナモンのルーツを知り、たこ焼きサンプル制作体験3520円〜などができるスポット。もちろん名店のたこ焼きを食べることも。

プロが教えるたこ焼きづくり基本コース3850円

🏠大阪市中央区道頓堀1-6-12　☎080-9062-3080　⏰11:00〜21:00（土・日曜、祝日は10:00〜）　㊡無休　🚃各線なんば駅14番出口から徒歩4分

道頓堀　▶MAP 別P.19 E-1

WHY
道頓堀がにぎやかな理由

江戸時代、歌舞伎や人形浄瑠璃などの娯楽が集中。茶屋なども増えたのが現在の道頓堀の原型となった。

📷 DOTONBORI 03
道頓堀から1周15分の空中遊泳！
世界初の長円形観覧車に乗ろう！

全幅32mの長円型観覧車で座席はベンチシート型。最高到達地点は地上77.4m。道頓堀はもちろん、あべのハルカスまで望める。

えびす顔で眺める道頓堀
F ドン・キホーテ道頓堀店 道頓堀大観覧車「えびすタワー」
ドン・キホーテどうとんぼりてん どうとんぼりだいかんらんしゃえびすタワー

世界でも珍しい、レール上をまわる長円型の人気大観覧車。1周15分かけて空の旅に出かけてみるのはいかが？

🏠 大阪市中央区宗右衛門町7-13 ドン・キホーテ道頓堀店　☎06-6214-6511　⏰11:00～23:00（営業時間は状況によって変わるため公式HPを確認）　休無休（荒天時休業あり）　🚃各線なんば駅14番出口から徒歩5分

道頓堀　▶ MAP 別 P.19 E-1

🍴 DOTONBORI 04
道頓堀に来たなら食べたい！
名物グルメ3選

昔も今も大阪のうまいもんが集まる道頓堀。味に厳しい大阪人からも支持を集める名物グルメはぜひ食べたい！

（洋食）

ビーフカツレツ 3080円
オリジナルのデミグラスソースが牛肉の旨みを引き立てる

創業100余年の洋食レストラン
A はり重 グリル
はりじゅう グリル

大正8（1919）年創業の老舗精肉店が手掛ける洋食レストラン。レトロな趣の店内で、黒毛和牛の旨みを感じられる逸品を堪能して。

🏠大阪市中央区道頓堀1-9-17　☎06-6211-5357　⏰11:30～20:30（LO20:00）　休火曜（祝日、祝前日、12月は営業）　🚃各線なんば駅14番出口から徒歩3分

道頓堀　▶ MAP 別 P.19 D-1

串カツ 132円～（1本）
衣の油ぎれもよくあっさりと食べられる

大阪グルメな100のメニュー
D たこ八 道頓堀本店
たこはち どうとんぼりほんてん

コナモン激戦区の道頓堀のど真ん中に立地。たこ焼きやお好み焼き、焼きそば、明石焼きなど、100の大阪グルメをたっぷり満喫して。

🏠大阪市中央区道頓堀1-5-10　☎06-6211-4684　⏰10:00～21:00　休無休　🚃各線なんば駅14番出口から徒歩5分

道頓堀　▶ MAP 別 P.19 E-1

（明石焼）

明石焼 990円（8個）
玉子たっぷりのフワフワ食感。特製ダシでどうぞ

昼飲みも人気の串カツ店
E 新世界 串カツ小鉄 道頓堀店
しんせかい くしかつ こてつ どうとんぼりてん

昭和レトロな店内で名物の串カツをはじめ、白味噌仕立てのどて焼きや牛カツ、冬期限定のもつ鍋など多彩なメニューに舌鼓。

🏠大阪市中央区道頓堀1丁目5-9 3F　☎06-4708-9452　⏰11:30～23:30（LO23:00）※月曜は17:00～、日曜、祝日は～22:30（LO22:00）　休無休　🚃各線なんば駅14番出口から徒歩7分

道頓堀　▶ MAP 別 P.19 E-1

（串カツ）

安井（成安）道頓は大坂夏の陣で戦死したが、後に従弟の安井久兵衛（道卜）が工事を引き継ぎ、元和元（1615）年に道頓堀は完成した。

街中どこもエネルギッシュ!!

なんば
NAMBA

ショッピング、観光、グルメなど、大阪の魅力が凝縮したミナミを象徴するエリア。大阪飲みスポットの新定番「裏なんば」(⇒P.66)や笑いの殿堂「なんばグランド花月」(⇒P.106)があるのもココ。

元気をもらえそう!

昼:◎ 夜:◎

歴史ある老舗から話題の新店まで絶品グルメが密集するエリア。

🍴 NAMBA 01

ミナミを代表する老舗デパートで大阪グルメを満喫!

レストラン35店舗で構成する「なんばダイニングメゾン」で大阪グルメの名店の味を堪能しよう!

WHAT IS
なんばダイニングメゾン
関西地区の百貨店では最大級のレストラン街。安心して食事や会話を楽しめる「食の大阪」にふさわしいゾーンを展開。

ミナミのランドマークスポット
大阪髙島屋
おおさかたかしまや

ミナミを代表する百貨店。7〜9階の3フロアに広がるダイニングメゾンは23時(一部24時)まで営業。使い勝手のよさも魅力だ。

🏠 大阪市中央区難波5-1-5 ☎06-6631-1101 🕙10:00〜20:00、ダイニングメゾン11:00〜23:00 ㊡不定休 🚇各線なんば駅4番出口またはNAMBAなんなんE2出口からすぐ

なんば ▶MAP 別P.19 D-3

(ねぎ焼き)

8F 福太郎
ふくたろう

こだわり食材と自家製醤油ダレを使ったねぎ焼きが評判を集める人気お好み焼き店。

☎06-6633-2916 🕙11:00〜22:00(LO21:00) ㊡施設に準ずる

(そばしゃぶ) 一度は食べたい!

7F 蕎麦しゃぶ 総本家 浪花そば
そばしゃぶ そうほんけ なにわそば

名物料理は、牛肉から染み出す旨みと蕎麦の相性が抜群な登録商標の「そばしゃぶ」。

☎06-6633-3248 🕙11:00〜22:00(LO21:30、お鍋LO21:00) ㊡施設に準ずる

匂いもごちそう! (くわ焼き)

8F 九志焼亭 本店
くしやきてい ほんてん

肉や野菜を材料に、塩こうじや甘酒などの調味料を使って鉄板で焼く「くわ焼」の店。

☎06-6626-9938 🕙11:00〜16:00(LO15:00)、17:00〜22:00(LO21:00) ㊡施設に準ずる

(懐石料理)

9F 高麗橋 吉兆
こうらいばし きっちょう

懐石料理を確立し日本料理の流れを変えたといわれる「吉兆」の世界に触れてみて。

☎06-6633-7533 🕙11:00〜15:00(懐石LO12:30、松花弁当LO14:00)、17:00〜22:00(懐石LO19:30、松花弁当LO20:30) ※懐石料理は前日予約のみ ㊡施設に準ずる

📷 NAMBA 02
インパクト絶大な神社&法善寺の「水かけ不動」へ

海外でも人気の神社や映画・音楽の舞台となった「水かけ不動」は難波に行くならマストで訪れたいスポット。

水かけ不動さんにお願いして
法善寺
ほうぜんじ

全身が苔むした姿の「水かけ不動」が有名。水をかけて不動明王にお願いすれば、どんな願いも叶うと毎日たくさんの人が参拝する。

🏠 大阪市中央区難波1-2-16 ☎06-6211-4152 ⏰境内自由(授与所は10:00〜18:00) 休無休 🚇各線なんば駅なんばウォークB16番出口から徒歩1分

なんば ▶MAP 別P.19 E-1

インパクト◎な獅子殿は必訪!
難波八阪神社
なんばやさかじんじゃ

高さ12m、幅7mの巨大な獅子が印象的な獅子殿が海外でも話題に。大きな口が勝利を呼ぶといわれ、学業向上や就職祈願などの参拝が絶えない。

🏠 大阪市浪速区元町2-9-19 ☎06-6641-1149 ⏰境内自由(社務所は6:00〜17:00、お守り・おみくじは9:00〜購入可) 休無休 🚇各線なんば駅8番出口から徒歩8分

なんば ▶MAP 別P.14 C-2

🍴 NAMBA 03
老舗が集まるなんばの逸品グルメも食べたい!

「551の豚まん」や「北極のアイスキャンデー」など、庶民に愛され続ける名物グルメは忘れずにチェック!

レトロな空間でひと休み♪
アラビヤコーヒー

昭和26(1951)年創業の老舗喫茶店。大人の甘党が好むクリームソーダは、見た目の美しさもSNS映え120%の人気メニュー。

🏠 大阪市中央区難波1-6-7 ☎06-6211-8048 ⏰11:00〜18:00(土・日曜、祝日は10:00〜19:00) 休水曜不定休 🚇各線なんば駅なんばウォークB16番出口から徒歩2分

なんば ▶MAP 別P.19 E-1

名店の味を大満喫♪

クリームソーダ800円

名物の「豚まん」だけじゃない!
551HORAI本店
ゴーゴーイチホウライほんてん

おすすめは551点心セット1670円

大人気の「551の豚まん」(⇒P.33)はなんば生まれ。本店レストランでは豚まんや各種中華料理、定食メニューを提供。

🏠 大阪市中央区難波3-6-3 ☎06-6641-0551 ⏰売店10:00〜21:30、弁当11:00〜21:30、レストラン11:00〜LO21:30 休第1・3火曜(祝日・行事等で変更の場合あり) 🚇各線なんば駅11番出口からすぐ

なんば ▶MAP 別P.19 D-2

手作りにこだわるアイスキャンデー
北極 難波本店
ほっきょく なんばほんてん

アイスキャンデー190円〜はミルクやココアなど定番8種類

こだわりの原料と製法で職人が一本一本手作りで製造するアイスキャンデーを年中販売。どこか懐かしい味わいにファンも多い。

🏠 大阪市中央区難波3-8-22 ☎06-6641-3731 ⏰11:00〜20:00(金曜は〜21:00、土曜は10:00〜21:00、日曜は10:00〜) 休不定休 🚇各線なんば駅11番出口から徒歩2分

なんば ▶MAP 別P.19 D-2

WHERE IS

活気あふれるミナミの名物市場
黒門市場
くろもんいちば

鮮魚や青物・果物、飲食店などが軒を連ね、料理人からの信頼も厚い市場。近年は外国人観光客が訪れる定番スポットに。

🏠 大阪市中央区日本橋2-4-1 ☎06-6631-0007(事務所) ⏰休店舗により異なる 🚇各線日本橋駅10番出口から徒歩5分

なんば ▶MAP 別P.15 F-1

TOWN | 梅田 | 中崎町 | 天神橋筋商店街 | 淀屋橋・北浜 | 心斎橋・アメリカ村 | 道頓堀 | なんば | 新世界 | 天王寺 | 鶴橋

難波(なんば)の語源は波が速い「なみはや」がなまった説や、魚(な)が獲れた庭(にわ)という説がある。

新世界
SHINSEKAI

下町情緒がたまらない！

散策しやすい！
昼：◎ 夜：◎

通天閣を中心に観光＆グルメスポットがギュッと凝縮したエリア。

大阪らしさ120％なエリア「新世界」。大阪のシンボル・通天閣の真下には、大阪ではココでしか楽しめない名物娯楽や庶民に愛される下町グルメがたくさん。温泉のテーマパークでリラックスするのもおすすめだ。

📷 SHINSEKAI 01
通天閣を バックに映える 写真を撮ろう！

新世界観光に訪れたならマストで撮影したい通天閣。ポーズもしっかり決めて、SNS映えする写真を残そう！

WHY
初代通天閣はどんな姿？

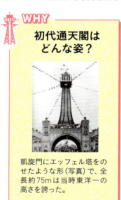

凱旋門にエッフェル塔をのせたような形（写真）で、全長約75mは当時東洋一の高さを誇った。

かわいく撮ろうね♪

ナニワのランドマークタワー
A 通天閣
つうてんかく

モデルはパリのエッフェル塔。「天に通ずる塔」という意味で、現在の通天閣は2代目。

🏠 大阪市浪速区恵美須東1-18-6
☎ 06-6641-9555 🕙 10:00～20:00（最終入場19:30）休無休
💴 一般展望台1000円（2025年4月～1200円）🚇 地下鉄動物園前駅1番出口から徒歩6分

新世界 ▶MAP 別P.17 D-1

📷 SHINSEKAI 02
18歳未満は入場禁止！ 大人の楽しみ「スマートボール」

昭和レトロ感満載の「スマートボール」。大阪ではココだけでしか遊べない遊技場へ行ってみよう！

風営法上、18歳未満の入場は不可

昭和風情満点！の遊技場
C スマートボール ニュースター

スマートボールは球を弾き出し、穴に入れて新たな球をゲットする遊戯。パチンコのように出玉は景品と交換できるシステム。

🏠 大阪市浪速区恵美須東3-5-19
☎ 06-6641-1164 🕙 11:30～22:00（土・日曜、祝日は10:00～）休 火曜、水曜不定休 🚇 地下鉄動物園前駅5番出口から徒歩5分

新世界 ▶MAP 別P.17 D-1

136

SHINSEKAI 03
世界のお風呂が楽しめる新世界の癒やしスポット

新世界には、世界12カ国17種類のお風呂を楽しめる温泉のテーマパークも。旅の疲れをゆっくり癒やしちゃおう。

せせらぎが心地良い「日本渓流露天風呂」

年中楽しめる世界の温泉&プール
ⓓ SPAWORLD HOTEL & RESORT
スパワールド ホテル アンド リゾート

「古代ローマ風呂」「ギリシャー薬湯風呂ー」をはじめ、温泉・プール・岩盤浴・ホテル・フードゾーン・リラクゼーション施設などを完備。

「塩サウナ」など多彩なサウナ施設も

🏠大阪市浪速区恵美須東3-4-24 ☎06-6631-0001 ⓐ10:00〜翌8:45(岩盤浴は〜翌5:00、アミューズメントプールは〜19:00)※時期により異なる ⓑ無休 ⓒ1500円〜※時期により異なる ⓓ地下鉄動物園前駅5番出口からすぐ

新世界 ▶MAP 別P.17 D-2

SHINSEKAI 04
新世界をぐるりと回る話題の人力車！

ユニークな車夫さんが新世界を案内してくれる人力車。違った視点から観る新世界もおもしろそう！

いっぺんのってみて〜

ユニーク俥夫が新世界を案内！
ⓑ 新世界観光人力車 俥天力
しんせかいかんこう じんりきしゃ しゃてんりき

新世界のディープな下町を人力車で案内。コースは新世界から四天王寺を巡る5コース。希望を伝えればコースのアレンジも可能。

🏠大阪市恵美須東3-5-12(待機所) ☎050-3554-3909 ⓐ10:00〜17:30(時期により異なる) ⓑ不定休(雨天時は休みの場合あり) ⓒ1区間コース(12〜13分)1名 4000円〜、2名 5000円〜 ⓓ地下鉄動物園前駅1番出口から徒歩5分

新世界 ▶MAP 別P.17 D-2

ひといきつこか

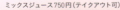
ミックスジュース750円(テイクアウト可)

ミックスジュース発祥の店
ⓔ 千成屋珈琲
せんなりやこーひー

ミックスジュース発祥店のレシピを受け継ぐ純喫茶。昔懐かしい雰囲気の空間で、果実感たっぷりのミックスジュースを楽しめる。

🏠大阪市浪速区恵美須東3-4-15 ☎06-6645-1303 ⓐ11:30〜19:00(土・日曜、祝日は9:00〜) ⓑ無休 ⓒ地下鉄動物園前駅1番出口から徒歩2分

新世界 ▶MAP 別P.17 D-2

「新世界」はパリとニューヨークのエンターテインメントを足して2で割った新名所を目指したのが由来といわれる。

多彩なカルチャーが集う

天王寺
TENNOJI

高さ300mのあべのハルカスや2025年に110周年を迎えた天王寺動物園、1400年以上の歴史がある和宗 総本山 四天王寺など、大阪の新旧文化が入り交じるエリア。JR、大阪メトロ、近鉄、阪堺などアクセスも便利だ。

自然や歴史に触れる

昼：◎ 夜：△

駅の東西南北に観光スポットが点在。街歩きも楽しもう。

📷🛒 TENNOJI 01

あべのハルカスでアート鑑賞＆
日本最大級の百貨店へ行こう！

都市型美術館でアート鑑賞を楽しんだあとは、日本最大級の売り場面積がある百貨店で限定の大阪みやげを探そう！

あべのハルカス美術館へ行くには？
シャトルエレベーター（乗り口地下1階、2階）を利用するのがおすすめ。スムーズに16階まで向かえる

多彩な展覧会を開催
あべのハルカス美術館
あべのハルカスびじゅつかん

コンセプトは「Art × Human-あらゆるアートを、あらゆる人に。」。東西の美術や現代アートなどの展覧会を開催。

🏠 大阪市阿倍野区阿倍野筋1-1-43 あべのハルカス16F ☎06-4399-9050 🕐10:00〜20:00（月・土・日曜、祝日は〜18:00）※入館は閉館30分前まで 休一部の月曜、展示替え期間 🚉近鉄大阪阿部野橋駅西改札直結 ¥展覧会により異なる

天王寺 ▶MAP 別P.17 F-3

高さ300mを誇る超高層複合ビル
あべのハルカス
あべのハルカス

高さ300mを誇る天王寺のシンボル。展望台「ハルカス300」（⇒P.104）や百貨店、美術館、オフィスなどが入る。

🏠 大阪市阿倍野区阿倍野筋1-1-43 ☎06-6621-0300 🕐施設により異なる 🚉近鉄大阪阿部野橋駅直結

天王寺 ▶MAP 別P.17 F-3

4種類のクッキー

ザ・マスター
byバターバトラー
「ザ・マスタークッキーボックス」
2592円
ブランドカラーで仕上げた缶には、"Osaka"の文字がキラリ

カステラ銀装
「あべのハルカステラ」
1404円
和三盆を使用。きめ細かくフワフワでしっとりとした食感に

あげもち Cocoro
フルーツミックス
1296円
キュートなデザインが魅力的な人気のミニ缶

日本最大級の売場面積！
近鉄百貨店
あべのハルカス近鉄本店
きんてつひゃっかてん あべのハルカスきんてつほんてん

あべのハルカスの地下2階から14階に位置し、日本最大級の売場面積を誇る。デパ地下にはココでしか買えない限定スイーツも。

🏠 大阪市阿倍野区阿倍野筋1-1-43 ☎06-6624-1111 🕐10:00〜20:00（地下2階〜3、5階は〜20:30 ※営業時間は変更になる可能性あり）休不定休 🚉近鉄大阪阿部野橋駅西改札直結

天王寺 ▶MAP 別P.17 F-3

TENNOJI 02
かわいい動物＆広々芝生でリラックス！

かわいいアニマルに会える動物園やさわやかな芝生の「てんしば」など見どころ満載！

約7000㎡の広さを誇る人気の芝生広場

2025年は開園110周年！
天王寺動物園
てんのうじどうぶつえん

大正4(1915)年に開園した歴史ある都市型動物園。およそ11haの園内に、約170種、1000点の動物が飼育されている。

🏠大阪市天王寺区茶臼山町1-108 ☎06-6771-8401 ⏰9:30～17:00（入園は16:00）休月曜（祝日の場合は翌日）🚃地下鉄天王寺駅4番出口から徒歩5分 💴500円

天王寺 ▶MAP 別P.17 D-2

人気カバのゲンちゃん

街なかに広がる巨大芝生広場
てんしば

芝生広場を中心にカフェやレストランなど多彩な施設が集まる憩いの場。週末になると日なたぼっこを楽しむ人などで賑わう。

🏠大阪市天王寺区茶臼山町1-108 ☎06-6773-0860 ⏰7:00～22:00（一部24時間営業）休無休（一部施設は定休日あり）🚃地下鉄天王寺駅4番出口から徒歩5分 💴無料（一部施設は有料）

天王寺 ▶MAP 別P.17 E-2

四天王寺一帯は古くから夕日が美しいことで有名

TENNOJI 03
聖徳太子とも縁の深い日本仏法最初の官寺へ

日本仏法最初の官寺は、創建当初から伝わる伽藍配置や宗派の枠を超えた各宗祖師の堂宇などが点在。

日本最古の伽藍構造を伝える
和宗 総本山 四天王寺
わしゅう そうほんざん してんのうじ

推古元(593)年、聖徳太子により創建。宗派の枠を超えて信仰を集める。毎月21日と22日の縁日には、境内に多数の露店が並ぶ。

🏠大阪市天王寺区四天王寺1-11-18 ☎06-6771-0066 ⏰お堂・中心伽藍・庭園8:30～16:30（10～3月は～16:00）休無休 🚃地下鉄四天王寺前夕陽ヶ丘駅4番出口から徒歩5分 💴中心伽藍500円、宝物館500円、本坊庭園300円

天王寺 ▶MAP 別P.17 F-1

ひといきつこか

ヘレカツサンド デミグラス940円

旨みたっぷりの完熟肉をサンド
あべのカツサンドパーラーロマン亭
あべのカツサンドパーラー ロマンてい

大正ロマンをイメージしたレトロな雰囲気の店内で味わえるのは、上質な完熟豚肉の旨み感じるカツサンド。揚げたてアツアツをめしあがれ。

🏠大阪市阿倍野区阿倍野筋1-1-43 あべのハルカス近鉄本店ウイング館B2F ☎050-5890-4303 ⏰10:00～20:30（LO20:00）休施設に準ずる 🚃近鉄大阪阿部野橋駅西改札から徒歩2分

天王寺 ▶MAP 別P.17 F-3

天王寺駅の北エリアには南北1400m、東西400mのエリアに約80の寺院が密集。全国でも珍しい大規模な寺町となっている。

韓国カルチャーを満喫♡

鶴橋
TSURUHASHI

本場の韓国グルメや、SNS映えするかわいい雑貨など、大阪にいながら韓国へトリップしたような気分を味わえる。食べ歩きをしたり、韓国コスメをチェックしたり。何度も訪れたくなるディープな鶴橋を探索♪

旅行気分で歩こう

昼：◎　夜：○

昼はショッピングに食べ歩き、夜は本格韓国グルメと一日中満喫！

📷🛒 TSURUHASHI 01
鶴橋2大商店街を散策！

雑貨やグルメが豊富な大阪コリアタウンと、ディープな雰囲気の鶴橋商店街。それぞれの魅力を体感！

鶴橋商店街　鶴橋　▶MAP 別 P.23 D-2

鶴橋駅を降りてすぐの場所に広がるディープスポット。韓国惣菜や焼肉屋などのほか、チマチョゴリや日用品なども並ぶ。

持ち帰りグルメ

崔おばさんのキムチ

鶴橋駅からすぐ。山芋・明太子・牡蠣など種類豊富なキムチがスタンバイ（→P.85）

大阪コリアタウン　鶴橋　▶MAP 別 P.23 E-3

JR大阪環状線の桃谷駅からもアクセス良好。500mほどの商店街には約120の店が軒を連ねる。

🍴🛒 TSURUHASHI 02
目移り必至！ショッピングを思いっきり楽しむ

胸キュン必至の話題の韓国アイテムは、自分用はもちろんおみやげにも喜ばれること間違いなし！

オリジナルアイテム！

1. ハングルが書かれたノートやシール　2. 韓国モチーフのピンバッチ

ワッペンワーク・韓国グッズなら
Ⓐ BOM CAFE
ボム カフェ

人気の韓国雑貨やオリジナルアイテムが揃う。ワッペン体験ではバッグやトレーナーなどに自由にデコレーションができる。

🏠 大阪市生野区桃谷5-7-31　📞06-4400-0613
🕙 10:00～18:00　🚫無休　🚉JR鶴橋駅東出口から徒歩17分

鶴橋　▶MAP 別 P.23 F-3

ワッペンは1つ110円。組み合わせを考えるのが楽しい

個性がいろいろ

대철이는 배고파

TSURUHASHI 03
本格韓国グルメでエアトリップ

韓国グルメといえば焼肉、だけどそれだけじゃない！これまで知らなかった韓国グルメの世界へご案内♪

リーズナブルに本格サムギョプサルを堪能！

1. ペゴパバイキング 120分2500円。リーズナブルに数種類のお肉が楽しめる 2. カラフルで写真映えする店内

旅行気分を味わえる空間
Ⓑ デチョルはペゴパ

韓国の地下鉄モチーフの店内にテンションがあがる！「デチョル」はオーナーの名前、「ペゴパ」は韓国語で「おなかが空いた」という意味。

🏠大阪市生野区鶴橋3-8-38 eKOREA TOWN 1F ☎06-6796-7997 ⏰11:00～22:00(LO21:30) 休無休 🚉JR鶴橋駅東出口から徒歩4分

鶴橋　▶MAP 別 P.23 E-2

中身はこんなん

チーズケーキ 650円。韓国語メッセージ付き

キムチサンドが名物の老舗喫茶店
Ⓒ 珈琲館 ロックヴィラ
こーひーかん ロックヴィラ

1979年創業の喫茶店。20年以上前からある「キムチサンド」が名物で、一度食べた味が忘れられず遠方から訪れるファンも。

🏠大阪市東成区東小橋3-17-23 ☎06-6975-0315 ⏰8:00～17:30 休水曜、第3火曜 🚉JR鶴橋駅西出口から徒歩2分

鶴橋　▶MAP 別 P.23 D-2

1. パワフルなオカンから元気をもらって！ 2. キムチサンド700円は企業秘密の味付けが老若男女から人気

ボリューム満点！

マイルドなキムチの酸味とマヨネーズが絶妙にマッチ

静かな隠れ家的空間で手作りの韓国餅スイーツを

きなこ味のインジョルミワッフル900円は、もちもち食感

できたてのお餅が食べられる
Ⓓ ドゥドジカフェ

韓国餅を使ったデザートやドリンクを楽しめる、韓国人夫婦が営むカフェ。自慢のお餅は店内手作りで、やさしい味が特徴。

🏠大阪市生野区桃谷3-15-13 ☎なし ⏰11:00～18:00 休水・木曜 🚉JR鶴橋駅東出口から徒歩13分

鶴橋　▶MAP 別 P.23 E-3

ドゥドジカフェの「ドゥドジ」は韓国語で「もぐら」の意味。

TOWN / 梅田 / 中崎町 / 天神橋筋商店街 / 淀屋橋・北浜 / 心斎橋・アメリカ村 / 道頓堀 / なんば / 新世界 / 天王寺 / 鶴橋

1970年の大阪万博を感じる

万博記念公園
Expo'70 Commemorative Park

広大な土地を有する、自然と文化施設が調和した癒しのスポット。
バーベキュー施設やアスレチックなどもあり、子どもから大人まで楽しめる。
大阪のシンボル「太陽の塔」は必見！

夜は観覧車や水族館がきらきらと輝き、昼とは違う魅力が。

📷 Expo'70 Commemorative Park 01

あこがれの太陽の塔を見ながらピクニック

公園に入ってまず目に入るのが高さ約70mの太陽の塔。近づいてみると想像以上の迫力！塔を中心に広がる自然文化園で開放的にピクニックを楽しもう。

何度訪れても新しい魅力を発見できる

写真提供：大阪府

都心からほど近い自然スポット

Ⓐ **万博記念公園**
ばんぱくきねんこうえん

1970年に開催された大阪万博跡地に整備された文化公園。イベントの情報は公式サイトをチェック。

🏠 吹田市千里万博公園
☎ 06-6877-7387　🕘 9:30～17:00（最終入園16:30）
休 水曜　🚃 大阪モノレール万博記念公園駅から徒歩3分

万博記念公園
▶MAP 別 P.23 E-1

HOW TO
万博記念公園おさんぽの楽しみ方

四季折々の花を楽しむ

季節の草花は公式サイトの「見ごろの花一覧」でも確認することができる

文化財登録もされた日本庭園

上代・中世・近世・現代と4つの時代の庭園様式が美しい

WHAT IS
1970年の大阪万博

「EXPO'70パビリオン」で当時の熱気を体感

大阪万博の出展施設を利用した記念館。迫力満点の「黄金の顔」や約3000点以上の資料を通して当時の空気感を体感できる

EXPO'70パビリオン
エキスポナナジュウパビリオン

☎ 06-6877-7387　💴 500円　🕘 10:00～17:00（最終入館16:30）　休 水曜

ACCESS

大阪メトロ梅田駅 → (大阪メトロ御堂筋線 所要8分 料金380円) → 千里中央駅 → (大阪モノレール 所要5分 料金250円) → 万博記念公園駅
阪急大阪梅田駅 → (阪急京都線 所要11分 料金460円) → 南茨木駅 → (大阪モノレール 所要6分 料金250円) → 万博記念公園駅

家族で楽しめる

昼:◎ 夜:◯

昼はピクニック、夜はショッピングモールでとことん遊び尽くす。

SHORT TRIP

万博記念公園

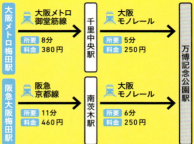

万博記念公園のシンボル

Ⓑ 太陽の塔
たいようのとう

生命の進化の過程をあらわす「生命の樹」

芸術家の岡本太郎がデザインを手がけ、3つの顔は過去・現在・未来を象徴する。塔内部への入館は事前予約制(有料)。

🏠 吹田市千里万博公園 ☎0120-1970-89 🕙10:00～17:00(最終受付16:30) 💧水曜 🚃大阪モノレール万博記念公園駅から徒歩10分

万博記念公園 ▶MAP 別 P.23 E-1

🍴🛒 **Expo'70 Commemorative Park 02**

さまざまなエンターテインメントに出合う遊びスポット

万博記念公園に隣接する日本最大級の大型複合施設内には、生きているミュージアム「ニフレル」をはじめ映画館・大観覧車など、エンタメ施設がいっぱい！

注目店も多く、ショップ巡りが楽しい

さまざまな専門店が300店舗以上

日本最大級の大型複合施設

Ⓒ 三井ショッピングパーク ららぽーとEXPOCITY
みついショッピングパーク ららぽーとエキスポシティ

日用雑貨から家電までなんでも揃う、エンターテインメントとショッピングを融合した大型ショッピングモール。

🏠 吹田市千里万博公園2-1 ☎06-6170-5590 🕙10:00～21:00 💧店舗により異なる 🚃大阪モノレール万博記念公園駅から徒歩2分

万博記念公園 ▶MAP 別 P.23 E-1

箕面 堺

日本一の高さを誇る大観覧車「OSAKA WHEEL」は高さ123m、約18分かけて1周する。

143

自然に歴史に魅力たっぷり

箕面
MINOH

「天下の名瀑」として知られる箕面大滝をはじめ、宝くじ発祥のお寺や、ちょっと変わった箕面グルメまで。歩いて食べて箕面の魅力を満喫！

箕面大滝の前にはゆっくり観賞できるベンチがある。

日本の滝百選に選定される落差33mの大滝

サルに注意
箕面でサルを見かけたら決して近寄らずに何もあげず、遠くから見守るようにしよう

📷 **MINOH 01**

壮大な大滝を目指す滝道散歩でリフレッシュ

ゆったりと滝道散策♪

箕面大滝へ続く滝道はきれいに舗装されて歩きやすいので、普段の服装で気軽にハイキングを楽しむことができる。

四季折々の顔を魅せる

Ⓐ **箕面大滝**
（明治の森箕面国定公園）
みのおおおたき（めいじのもりみのおこくていこうえん）

流れ落ちる姿が、農具の「箕」に似ていることから箕面大滝と呼ばれるようになり、地名の由来もここからきている。

🏠箕面市箕面公園2-2 ☎072-723-1885（箕面交通・観光案内）🈺入園自由 🚃阪急箕面駅から箕面公園入口まで徒歩5分、箕面大滝まで徒歩40分

箕面　▶MAP 別 P.22 B-1

144

ACCESS

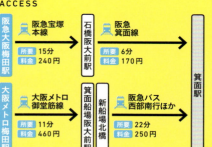

自然に癒される

昼：◯　夜：△

滝道の店の多くは夕方ごろには閉まるので注意。

📷 MINOH 02

自然の中で学ぶ
箕面の歴史と世界

滝道沿いには文化施設やお寺があり、立ち寄りながら大滝を目指すことができる。

あっと驚く昆虫の世界
B 箕面公園昆虫館
みのおこうえんこんちゅうかん

一年中たくさんの蝶が飛び交う「放蝶園」では美しい植物も

身近な昆虫から海外の昆虫まで、さまざまな昆虫の生体を展示・解説をしている。誰かに話したくなるような新発見がたくさん！

🏠箕面市箕面公園1-18　☎072-721-3014（箕面公園管理事務所）　🕙10:00〜17:00（最終入館16:30）　㊡火曜　🚶箕面公園入口から徒歩約10分

箕面　▶MAP 別P.22 B-1

日本最古の弁財天
C 箕面山瀧安寺
みのおさんりゅうあんじ

山の緑と朱のコントラスト

日本最古の弁財天がご本尊として祀られている。宝くじ発祥の地としても知られ「招福と健康」にご利益がある。

🏠箕面市箕面公園2-23　☎なし　🕙10:00〜16:00（寺務所受付）　㊡無休　🚶箕面公園入口から徒歩約15分

箕面　▶MAP 別P.22 B-1

🍴 MINOH 03

紅葉の葉そのものの形に揚げるのは技術が必要

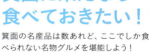

ここで揚げています

箕面に来たなら
食べておきたい！

箕面の名産品は数あれど、ここでしか食べられない名物グルメを堪能しよう！

箕面大滝名物をいただくなら
D 久國紅仙堂
ひさくにこうせんどう

1940年創業の老舗店。丁寧な仕込みと揚げの技術で作り出すもみじの天ぷらは、一度食べたら止まらない。

🏠箕面市箕面1-1-40　☎072-721-2747　🕙9:30〜17:00　㊡火曜　🚶阪急箕面駅からすぐ

箕面　▶MAP 別P.22 A-2

ここで買えます

E Cobeni
コベニ

もみじの天ぷらを現代的にアレンジした「小紅」を中心に、新しい箕面のおみやげが揃う。

🏠箕面市箕面1-4-19　☎072-723-6283　🕙10:00〜17:00　㊡木曜　🚶阪急箕面駅から徒歩2分

箕面　▶MAP 別P.22 A-2

WHAT IS
もみじの天ぷら

その昔、役行者が箕面山で修行中にもみじを揚げて旅人に振る舞ったのが起源とされる

SHORT TRIP　万博記念公園　箕面　堺

もみじを栽培し塩漬けにして揚げるまで、なんと一年以上かかるという。　　145

文化人ゆかりの街

堺
SAKAI

仁徳天皇陵古墳をはじめ、44基の古墳が現存する堺。
また「ものの始まりなんでも堺」といわれるほど
昔からものづくりが盛んな街としても知られる。

大仙公園内には堺の歴史と文化に触れる施設がたくさんある。

📷 **SAKAI 01**

日本を代表する百舌鳥古墳群を巡る

今も多くの古墳が点在する堺。大仙公園に隣接する観光案内所には、観光ボランティアガイドが常在し観光の相談もできる。

WHAT IS
仁徳天皇陵古墳とは？

日本最大の前方後円墳で5世紀中ごろに約20年かけて築造されたといわれる。墳丘長約486m、高さ約35mと大規模な古墳

いまだ謎も多い！

世界3大墳墓のひとつ
🅰 仁徳天皇陵古墳（大仙古墳）
にんとくてんのうりょうこふん（だいせんこふん）

日本全国に16万基はあるといわれる古墳の中でも最大という圧巻のスケール。拝所は前方部前の大仙公園側にあり。

🏠 堺市堺区大仙町1079-1　☎072-955-1115　⏰散策自由　🚃JR百舌鳥駅西口から徒歩8分

堺　▶MAP 別P.22 B-3

堺市のシンボルパーク
🅱 大仙公園
だいせんこうえん

38.75haの広さを誇り「日本の歴史公園100選」にも選定される。園内の文化施設では堺市の歴史を知ることができる。

🏠 堺市堺区東上野芝町1丁4-3　☎072-241-0291　⏰散策自由　🚃JR百舌鳥駅から徒歩4分　堺　▶MAP 別P.22 B-3

大仙公園内おすすめスポット

堺の歴史まるわかり
堺市博物館
さかいしはくぶつかん

☎072-245-6201　⏰9:30〜17:15（最終入館16:30）　🚫月曜（祝・休日は開館）　💴200円（無料ゾーンあり）

展示室では百舌鳥古墳群から近代までの堺の歴史・文化がわかる

伝統的な作庭技術を駆使
大仙公園日本庭園
だいせんこうえんにほんていえん

☎072-247-3670　⏰9:00〜17:00（最終入園16:30）　🚫月曜　💴200円

庭園の3分の1程度を占める水景が美しい

花と緑が一年中楽しめる
堺市都市緑化センター
さかいしとしりょっかセンター

☎072-247-0310　⏰9:30〜17:00（7〜8月は〜18:00、12〜2月は〜16:30）　🚫月曜　💴無料

イメージキャラクターの「ポピアン」

ACCESS

JR大阪駅 →[大坂環状線 所要16分 料金210円]→ JR天王寺駅 →[JR阪和線 所要26分 料金230円]→ JR百舌鳥駅

大阪メトロ梅田駅 →[大阪メトロ御堂筋線 所要9分 料金240円]→ 南海なんば駅 →[南海高野線 所要11分 料金290円]→ 堺東駅

歴史に思いを馳せる

昼：◎ 夜：○

レンタサイクルで観光スポットを巡るのもおすすめ。

📷🍴 SAKAI 02

堺ゆかりのアートに注目
休憩も忘れずに♪

千利休屋敷跡や与謝野晶子生家跡など、歴史に名を刻む文化人ゆかりの名所を街の風物詩「チンチン電車」に乗ってのんびりと巡ってみよう。

堺ゆかりの偉人の歴史を紐解く

堺の歴史や茶の湯文化を体験

C さかい利晶の杜 さかいりしょうのもり

千利休、与謝野晶子を通じて堺の歴史文化や魅力を発信するミュージアム。事前予約で本格的な茶の湯体験もできる。

🏠 堺市堺区宿院町西2丁1-1
☎ 072-260-4386
🕐 9:00～18:00 🗓 第3火曜（祝日の場合は翌日） 🚃 阪堺線宿院駅からすぐ 💴 300円

堺 ▶MAP 別 P.22 A-2

「千利休茶の湯館」で茶の湯の歴史を知り、「与謝野晶子記念館」で文学の表現世界に触れる

＼ここらで休もか！／

D くるみ餅かん袋 くるみもちかんぶくろ

元徳元年（1329年）創業。お餅をくるんで食べることから「くるみ餅」と名付けられた。うぐいす色のあんは優しい甘み。

約690年続く堺銘菓

くるみ餅（シングル） 410円

🏠 堺市堺区新在家町東1丁2-1 ☎ 072-233-1218 🕐 10:00～17:00 🗓 火・水曜（祝日の場合は営業） 🚃 阪堺線寺地町駅から徒歩2分

堺 ▶MAP 別 P.22 A-3

E 花茶碗 はなちゃわん

元寮母の店主が作るフルーツたっぷりの優しいカレー。辛さは9段階から選べる。ほかのユニークな古墳カレーも必食。

古墳カレー発祥の店

古墳カレー（元祖） 1200円

🏠 堺市堺区百舌鳥夕雲町2丁265 ☎ 072-244-8725 🕐 11:00～19:00（売り切れ次第終了） 🗓 木曜 🚃 JR百舌鳥駅から徒歩3分

堺 ▶MAP 別 P.22 B-3

「花茶碗」では古墳カレーを予約注文すると中から宝物が出てくるかも！

読めば快晴 ハレ旅 STUDY

まったく読めない！
読めるけど何か違う？
大阪の地名を知ろう

難読地名が多い大阪
地名や駅名に注目してみて

日本屈指の大都市で街としての歴史も古い大阪。目的地やそこへ向かう途中に難読地名に出合うこともあるかもしれない。一見普通の漢字の組み合わせなのにびっくりする読み方の地名が多いのも特徴だ。その由来はさまざまで、古い読み方が残っている場合も多々あるし、海や川に囲まれた豊かな自然から由来する地名も多くある。
難読ゆえに地名自体がなくなることもあるが、寺社や駅名として残っている場合も多い。街を歩くときや電車に乗るときなど、ぜひその土地の名前や駅名に注目して巡ってみたい。

WHY 道頓堀の由来は？

慶長17(1612)年に安井道頓が私財を投じ打ち南堀河の開削に着手し、従弟が工事を引き継ぎ1615年に完成。初代大阪城主・松平忠明が開削者の道頓を称え、「道頓堀」と名付けた。

よく聞く大阪の愛称
"ナニワ"とは？

演歌や漫画にもよく使われる「ナニワ」の愛称。
ただの地名ではなく
文化やイメージも背負っていた！

「ナニワ」とは大阪の一部の地域を指す言葉だが、どのあたりを指すのかは大阪の住民もぼんやりとしかわかっておらず、なんとなく難波〜大阪城くらいまでを指すことが多い。「浪速」「浪花」「難波」などさまざまな表記があるが、すべて「ナニワ」と呼ぶ。少なくとも7世紀には「ナニワ」という呼び方が確立され、江戸時代には洗練された上方の土地の名称として定着していた。昔から現代にいたるまで地理的な制約はあまりなく、街のイメージやそこに根付いた文化も含んだ愛称として親しまれている。

大阪市北区の京阪なにわ橋駅。ビジネス街として多くの人が行き交う

なにわ橋は江戸時代からあり、夕涼みや舟遊びに訪れる人で賑わった

どうして大阪には
難読地名が多いの？

大阪の歴史は古く、古墳時代から江戸時代以降日本の経済と文化の中心地だった。平城京や平安京より昔、7世紀には難波京（なにわのみや）があり、その頃の古い言葉が地名として残っているため読み方の難しい地名が多い。また大阪湾には貿易や商売などで多くの船が渡来し、外国の地名などが地名に使われることもあったのだとか。

難波宮の跡地は公園として市民の憩いの場となっている

\ まずはチャレンジ！ /

いくつ読める？難読地名・駅名

読み方が難しかったり一見簡単でも不思議な読み方をしたり、大阪の地名や駅名はユニークなものがいっぱい。まずはどう読むのかチャレンジしてみよう。

びっくり度 ★	❶ 柴島　❷ 鴫野　❸ 衣摺加美北
びっくり度 ★★	❹ 御幣島　❺ 枚方　❻ 河堀口
びっくり度 ★★★	❼ 放出　❽ 中百舌鳥　❾ 喜連瓜破

答えはこちら！

❶ くにじま
昔は「茎島」と呼ばれていて、それが訛ったと言われている。

❷ しぎの
水田地帯で、鴫（シギ）が群がっていたことが由来。

❸ きずりかみきた
「摺衣」という職人が多く住んでいたため呼ばれるように。

❹ みてじま
神功皇后が「御幣（みてぐら）」を献じたことに由来。

❺ ひらかた
「枚」を「ひら」と呼んだ時代があり、その頃からの地名。

❻ こぼれぐち
788年に作った堀川を「河堀（こぼれ）」と呼んだことに始まる。

❼ はなてん
日本書紀によると剣を「はなちだす」ことが訛ったのだとか。

❽ なかもず
この土地で狩った鹿が百舌鳥に体内を食い荒らされていたから。

❾ きれうりわり
「呉（くれ）」が訛ったもので、日本書紀にもある古い地名。

東京と同じ街の名前だけど…

大阪にも東京と同じ地名があるが、イントネーションや読み仮名が若干違い、読み方で大阪出身かどうか分かる。

日本橋

大阪では「にっぽんばし」と読む。大阪屈指の電気街でサブカルチャーも集まるので、東京でいう秋葉原のような街。

京橋

関西出身以外にはイントネーションが難しい「きょうばし」。大阪では「きょ」にアクセントがつく。ディープな飲み屋が多い。

読み方は難しくても一文字一文字は簡単なものばかり。駅名などは読み仮名もあるので安心して旅を続けよう。

交通手段は3つ！
全国から大阪へのアクセスをチェック

全国から大阪へのアクセスは新幹線や飛行機、高速バスやフェリーが便利。料金、移動時間、目的地へのアクセスなどを比較して自分にぴったりの移動手段を見つけよう。

※掲載の情報は、2025年1月現在のものです。運賃、時間等はあくまでも目安であり、シーズン、交通事情により異なる場合があります。

ACCESS 1

京都や神戸、奈良からは特急電車も運行している。スムーズに大阪に行きたい場合は利用してみよう。新幹線は運賃・特急券が高額になりがちだが、JR東海ツアーズの格安チケットを利用すればお得に。旅のスタイルに合った移動手段を選ぼう。

新幹線を使えばラクラク！東京から2時間30分で新大阪へ

東京駅 → JR東海道新幹線・のぞみ　所要 2時間27分　料金 1万3870円 → 新大阪駅

名古屋駅 → JR東海道新幹線・のぞみ　所要 50分　料金 5940円 → 新大阪駅

仙台駅 → JR東北新幹線・はやぶさ →[東京駅乗り換え]→ JR東海道新幹線・のぞみ　所要 4時間17分　料金 2万2000円 → 新大阪駅

金沢駅 → JR新幹線つるぎ　所要 1時間 →[敦賀駅乗り換え]→ JR特急サンダーバード　所要 1時間　料金 7720円（指定席）→ 新大阪駅

岡山駅 → JR東海道山陽新幹線・のぞみ　所要 45分　料金 5610円 → 新大阪駅

広島駅 → JR東海道・山陽新幹線・のぞみ　所要 1時間28分　料金 9890円 → 新大阪駅

博多駅 → JR東海道山陽新幹線・のぞみ　所要 2時間28分　料金 1万4750円（指定席）→ 新大阪駅

名古屋からは近鉄特急もお得で便利！

名古屋から → 近鉄名古屋駅　所要 2時間8分　料金 4790円 → 大阪難波駅

京都からは3路線も使える！

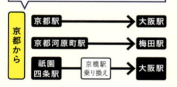

京都から
- 京都駅 → 大阪駅
- 京都河原町駅 → 梅田駅
- 祇園四条駅 →[京橋駅乗り換え]→ 大阪駅

さらに快適に移動
阪急や京阪では乗車券に＋特急券を購入すれば座席指定でゆったりと移動することができる。

＋α ツアー商品を活用しよう　旅をもっとお得に！

おトクなこだま号の片道プラン！1ドリンク引換券付き
ぷらっとこだま　こだま　東京・品川⇔新大阪

片道新幹線 ＋ 1ドリンク引換券 ＝ 1万1210円〜

※3月出発／大人1名あたり
※途中乗降は不可 ※乗車日1カ月前の10:00〜出発前日23:30までに要予約（ぷらっとこだまの申し込みにはいくつかの注意事項あり。公式サイト要確認）

JR東海ツアーズ ぷらっとこだま　検索

往復新幹線＋ホテル＋ずらし旅選べる体験クーポンのセットであなただけの旅を作ろう！
#ずらし旅

往復新幹線 ＋ ホテル ＋ ずらし旅選べる体験クーポン #ずらし旅 ＝ 2万5000円〜

※3月出発／1泊／2名1室／大人1名あたり　※一部除外品あり
※アクティビティ、グルメなどで利用できる「体験クーポン」付き
※前日までに要予約

JR東海ツアーズ ずらし旅　検索

おトクに日帰り旅を楽しむなら！
ずらし旅日帰り1day 大阪

往復新幹線 ＋ ずらし旅選べる体験クーポン #ずらし旅 ＝ 2万3060円〜

※3月出発／大人1名あたり
※アクティビティ、グルメなどで利用できる「体験クーポン」付き
※前日までに要予約

JR東海ツアーズ ずらし旅　検索

※商品は全て価格変動型の募集型企画旅行のため、旅行代金は随時変更し、申し込み時点の旅行代金が適用。※画像は全てイメージ
※この広告での申し込みは受付不可。詳細は公式サイト要確認

ご案内　EX旅パックの利用にはJR東海／JR西日本／JR九州のスマートEX（年会費無料）またはエクスプレス予約（年会費1100円／税込）への会員登録※が必要。
※一部の法人モデル会員は除く

ACCESS 2 飛行機 AIRPLANE

飛行機で大阪へ訪れる場合は大阪（伊丹）空港と関西国際空港の2つが最寄りとなる。いずれの空港もJR線やリムジンバスで大阪市内へ行くことができる。航空会社によっては早期予約や閑散期の割引プランもあるので早めに計画を立てて上手に活用しよう。
※記載は直行便のみ

ビューンと飛行機で伊丹空港or関西国際空港へ

1　新千歳空港 → 大阪（伊丹）空港
1日2〜4便　2時間
1万4295円〜　JAL

　　新千歳空港 → 関西国際空港
1日3便　2時間15分
1万4395円〜　JAL

2　青森空港 → 大阪（伊丹）空港
1日4便　1時間40分
1万1939円〜　JAL

3　仙台空港 → 大阪（伊丹）空港
1日7便　1時間25分
1万5469円〜　JAL

4　福岡空港 → 大阪（伊丹）空港
1日7便　1時間25分
1万5469円〜　JAL

5　羽田空港 → 大阪（伊丹）空港
1日15便　1時間10分
1万2727円〜　JAL

　　羽田空港 → 関西国際空港
1日3便　1時間25分
1万2827円〜　JAL

6　高知龍馬空港 → 大阪（伊丹）空港
1日6便　45分
1万1930円〜　ANA

7　那覇空港 → 関西国際空港
1日4便　1時間50分
1万1652円〜　JTA

ACCESS 3 バス BUS

高速バスでリーズナブルに大阪へ

新幹線も飛行機も料金が高い、という人には高速バスがおすすめ。夜行バスなら朝から活動できるので1日たっぷり遊べる。
※運賃は、高速バスシートや日程により変動する
※最新情報は公式サイトを要確認

▼ 東京　→ 大阪 …… 5500円〜
▼ 名古屋 → 大阪 …… 2400円〜
▼ 新潟　→ 大阪 …… 6500円〜
▼ 広島　→ 大阪 …… 4300円〜
▼ 愛媛　→ 大阪 …… 4800円〜
▼ 福岡　→ 大阪 …… 6300円〜

ACCESS 4 フェリー FERRY

九州からは瀬戸内海の船旅も楽しめる！

飛行機や新幹線よりリーズナブルで快適に移動できるのがフェリー。夕方や夜に出港して翌朝に到着するので、時間も無駄にしない。車やバイクも運ぶことができるので、愛車とともに旅したい人にもおすすめ。

▼ 北九州 → 大阪南港 …………… 7700円〜
▼ 別府　→ 大阪南港 …………… 1万3280円〜

+α 高速バス＋ホテルを活用しよう　旅をもっとお得に！

高速バスと宿がセットになったお得な旅行プランもある。予約がいっぺんにできるので便利。往復や片道なども選べるのでフレキシブルに旅を楽しめる。

バス＋1泊でリーズナブル！　日帰り1day 大阪
往復高速バス ＋ 宿 ＝ 1万5760円〜

※運賃は、高速バスシートや宿、日程により変動する
※公式サイトで24時間オンライン予約可能
※2名で1室使用時の1名分の料金

WILLER TRAVEL　検索

高速バスは女性専用車両やゆったりシートなどがあるのでお好みに合わせて選ぼう。

スマートに旅をしたい人のための空港・駅使いこなし術

大阪の玄関口となる新大阪駅、大阪国際（伊丹）空港、関西国際空港。多くの人が行き交う巨大なターミナルを上手に活用し、スマートで楽しい旅にしよう。

✈ 大阪国際（伊丹）空港

国内線で訪れるなら伊丹空港が便利。都心からアクセスしやすく、本数も多い。国内線の商業エリアはショッピングやグルメが充実。

空港からのアクセス

伊丹空港から阪急梅田駅へのアクセスはモノレールと阪急電車が基本。南海なんば駅へは梅田を経由して向かうこともできるが、阪急観光バスでのアクセスが早くて便利。新大阪駅も同様にバスでの移動がおすすめ。いずれも約30分程度で目的地に到着するので、時間のロスが少ないのが嬉しいポイント。

大阪国際（伊丹）空港
- 阪急観光バス　所要 約25分　料金 510円　→ 新大阪駅
- 阪急宝塚線・大阪モノレール　所要 約25分　料金 440円　→ 阪急大阪梅田駅
- 阪急観光バス　所要 約30分　料金 650円　→ なんば駅

利用術 ①　日本初導入のウォークスルー型商業エリアで楽しむ

搭乗口前には回遊性の高いウォークスルー型の商業エリアが設けられており、搭乗までの待ち時間にショッピングや食事で便利に利用できる。

利用術 ②　展望デッキで離着陸する飛行機を見学

総面積7700㎡の広々とした展望デッキからは間近に飛行機の離着陸を見ることができる。散策しリフレッシュしてから観光や帰路につくのもおすすめ。

🚆 新大阪駅

新幹線で訪れる際の玄関口といえば新大阪駅。大阪駅からのアクセスがよく商業施設も充実しているのでギリギリまで遊べるのがうれしい。

主要エリアへのアクセス

新大阪駅
- JR京都線　所要 約4分　料金 170円　→ JR大阪駅
- 大阪メトロ御堂筋線　所要 約6分　料金 240円　→ 梅田駅
- 大阪メトロ御堂筋線　所要 約15分　料金 290円　→ なんば駅
- 大阪メトロ御堂筋線　所要 約22分　料金 290円　→ 天王寺駅
- 大阪メトロ御堂筋線　所要 約14分　料金 240円　→ 心斎橋駅
- JR神戸線・環状線・ゆめ咲線　所要 約23分　料金 230円　→ ユニバーサルシティ駅

利用術 ①　駅ナカ施設でショッピング

アルデ新大阪（→ P.15）などの商業施設が駅の建物内にあり、移動の前後に買い物ができるのが便利。

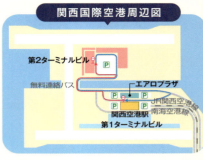

関西国際空港周辺図

✈ 関西国際空港

大阪の空の玄関口と言えば関西国際空港。国外線だけでなく国内線の利用もできる。24時間利用可能で、ラウンジやショップも充実していて便利。

空港からのアクセス

関西国際空港は大阪の南部に位置する、世界で初めて人工島に作られた海上空港。大阪駅や新大阪駅まではJRの特急か快速を利用し、時間はだいたい50分〜1時間15分程度で行ける。南海なんば駅までは急行の乗車し約45分で到着。電車のほかにも観光特急バスやタクシーもあり、用途に合わせて選べる。

関西国際空港 ⇔ 特急はるか15号　所要 約56分　料金 1390円　新大阪駅
関西国際空港 ⇔ 特急はるか15号　所要 約51分　料金 1210円　大阪駅
関西国際空港 ⇔ 南海本線空港急行　所要 約44分　料金 970円　南海なんば駅

第1ターミナルビル 2F

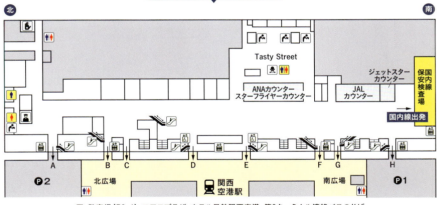

至・駐車場(P3・4)、エアロプラザ、ホテル日航関西空港、第2ターミナル連絡バスのりば

利用術 ❶ 待ち時間を快適に

関西国際空港内には出発、到着、見送りや遊びに訪れた人の誰でも利用できるラウンジがある。ソフトドリンク無料で飲食物の持ち込みも可。芝生エリアがあり、子連れにうれしい。

利用術 ❷ 空港グルメを堪能!

多彩な飲食店が立ち並び、気軽なカフェから本格的なグルメまで楽しむことができる。大阪名物も多いので、観光に夢中で大阪グルメを食べ損ねた人も最後に味わうことができる。

INFORMATION

大阪へのアクセス

大阪周辺のアクセス

鉄道・地下鉄

バス・船

関西国際空港は広く、目的地までたどり着くのに時間がかかることも。時間には余裕をもって行動しよう！　153

ハレ旅 Info

大阪の電車・地下鉄を乗りこなそう

大阪の鉄道は、JR大阪環状線が大阪の中心部をぐるっと囲むように走り、その中を地下鉄が網の目のように走っているイメージ。そこに京都、神戸、奈良、和歌山からの私鉄各線も入ってきて充実しているので、電車でだいたい好きなところへ行ける。お得なチケットもあるので、賢く利用しよう。

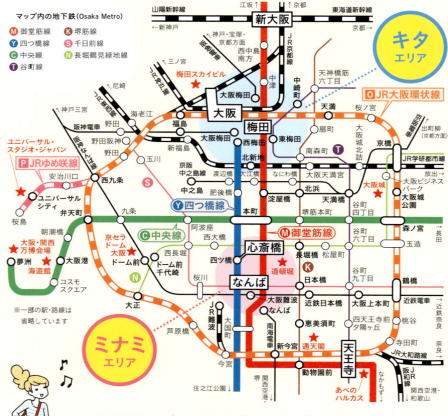

主要観光スポットは地下鉄とJR大阪環状線で移動できる

JR大阪環状線は、大阪駅から大阪城や天王寺(あべのハルカス)、通天閣へ向かうのに便利。ユニバーサルシティ(USJの最寄り駅)への直通電車もある。ただし、内回り電車は天王寺から環状線を外れて奈良や和歌山方面へ向かう電車もあるので注意しよう。
キタ(梅田周辺)とミナミ(なんば周辺)間の移動には地下鉄(Osaka Metro)の本数が多くて便利。地下鉄は大阪市周辺を東西南北に走り時間も正確なので、目的地までスマートに移動できる。

🚆 JR 環状線
- 時計回りの外回り、反時計回りの内回りがある。一周はおよそ40分(山手線は60分)
- 各駅の発車メロディは大阪にゆかりがある曲が多い(天満駅はaikoの『花火』)

🚇 地下鉄
- 各路線が色分けとナンバリングされていてわかりやすい(梅田駅はM16)
- 谷町線の長堀橋駅、日本橋駅は、それぞれ心斎橋駅、なんば駅と地下街で接続。歩いても10分弱くらい

よく使うのはこの3路線

御堂筋線　中央線　四つ橋線

各線のシンボルカラーを目印にすれば間違えない。赤の御堂筋線、緑の中央線、青の四つ橋線は乗る機会が多いので覚えておこう。

🚈 私鉄
- 大阪市内の観光では京阪電車、近鉄電車、阪神電車(なんば線)に乗る機会もある
- 京都へは京阪・阪急、神戸へは阪急・阪神、関西空港へは南海の各線でも移動できる

アクセス早見表

各エリア間は電車でスピーディに移動が可能。所要時間は移動、乗り換え時間を除いた乗車時間のみを記載しているので、時間に余裕をもって移動しよう。

出発地＼目的地	JR大阪駅・梅田	心斎橋	なんば	動物園前・新今宮	ユニバーサルシティ
JR大阪駅・梅田		地下鉄御堂筋線 所要 7分 料金 240円	地下鉄御堂筋線 所要 8分 料金 240円	地下鉄御堂筋線 所要 13分 料金 240円	JRゆめ咲線 所要 12分 料金 190円
心斎橋	地下鉄御堂筋線 所要 7分 料金 240円		地下鉄御堂筋線 所要 1分 料金 190円	地下鉄御堂筋線 所要 6分 料金 240円	JRゆめ咲線 JR大阪環状線 地下鉄長堀鶴見緑地線 所要 24分 料金 380円
なんば	地下鉄御堂筋線 所要 8分 料金 240円	地下鉄御堂筋線 所要 1分 料金 190円		地下鉄御堂筋線 所要 4分 料金 190円	阪神なんば線 JRゆめ咲線 所要 29分 料金 390円
動物園前・新今宮	地下鉄御堂筋線 所要 13分 料金 240円	地下鉄御堂筋線 所要 6分 料金 240円	地下鉄御堂筋線 所要 4分 料金 190円		JR環状線 JRゆめ咲線 所要 15分 料金 190円
ユニバーサルシティ	JRゆめ咲線 所要 12分 料金 190円	JRゆめ咲線 JR大阪環状線 地下鉄長堀鶴見緑地線 所要 24分 料金 380円	JRゆめ咲線 阪神なんば線 所要 29分 料金 390円	JRゆめ咲線 JR環状線 所要 15分 料金 190円	

お得なチケットを賢く利用

電車やバスで大阪を観光するならお得なチケットがおすすめ。賢く活用しよう。

チケット名	スルッとKANSAI 大阪周遊パス	阪急阪神1dayパス	京阪・Osaka Metro 1日フリーチケット
発売額	1day 3300円 2day 5500円	1600円	1800円 ※2025年4月1日以降の料金は公式サイトを要確認
利用区間	Osaka Metro全線・大阪シティバス全路線(一部路線除く)及び大阪市域の阪急電鉄・阪神電車・京阪電車・近畿日本鉄道・南海電鉄 ※コスモスクエア駅～夢洲駅間は利用不可	有効期間中の1日に限り阪急電車・阪神電車・神戸高速線全線	京阪線全線、石清水八幡宮参道ケーブル、Osaka Metro全線・大阪シティバス全路線
おすすめポイント	約40カ所の観光施設に入場可能になるほか、約30ヶ所の施設・店舗で割引や特典あり。	京都～大阪～神戸エリアが乗り降り自由になるお得なパス。1日で三都をめぐるような弾丸日帰り旅におすすめ。	京阪、Osaka Metro沿線の社寺・施設や水上バスなどで割引やお得な特典を受けられる。
販売場所	スルッとQRtto (オンラインでの販売のみ)	阪急電車・阪神電車各駅、ごあんないカウンターなど	京阪電車主要駅、大阪市営地下鉄の全駅、駅構内売店など
問い合わせ	株式会社スルッとKANSAI ☎ 06-7730-9171 ※2025年4月1日以降の料金は公式サイトを要確認	阪急電鉄交通ご案内センター ☎ 0570-089-500(ナビダイヤル) ※2025年4月1日以降の料金は公式サイトを要確認	京阪電車お客さまセンター ☎ 06-6945-4560 Osaka Metro・シティバスお客さまセンター ☎ 050-3355-8208

なんばから心斎橋、梅田から中崎町など、目的地によっては観光しながら到着する場所もあるので歩いて移動するのもおすすめ！

INFORMATION

大阪へのアクセス

大阪周辺のアクセス

鉄道・地下鉄

バス・船

バスとタクシーで自由自在に大阪を巡る

気軽に巡ることができるレンタル自転車やバスなど、電車以外にも便利な移動手段がある。大人数のときはタクシーで移動、非日常を味わいたいときは水上バスやボートなどが楽しい。

観光バス

UMEGLE-BUS

梅田の街を約30分で1周する手軽な路線バスで、意外と広い梅田の移動が楽ちんに。約20分間隔で運行しており乗車料金は1回100円とリーズナブルなので気軽に目的地へ行くことができる。

発車時刻	運行時間 8:05〜19:13（平日）、10:20〜18:33（土・日曜、祝日）
料金	一乗車100円、専用一日乗車券200円 ※一日乗車券は車内でも販売
問い合わせ	阪急バス吹田営業所 ☎06-6384-5031

- U5 済生会中津病院
- U4 茶屋町
- U6 グランフロント大阪[北]
- U2 グランフロント大阪[東]
- U3 阪急大阪梅田駅
- U7 グランフロント大阪[南]
- U1 JR大阪駅[東]／地下鉄梅田駅
- U8 JR大阪駅[西]
- U12 阪神大阪梅田駅／地下鉄東梅田駅
- U9 西梅田
- U11 梅田新道[北]
- U10 JR北新地駅

OSAKA SKY VISTA

約60分で主要な観光地を巡る観光バス。うめだルートとなんばルートがあり、発着はいずれもJR大阪駅。有名な御堂筋や大阪城、梅田スカイビルなどを車中から見学することができる。

発車時刻	9:30、13:10、16:20
料金	2000円
販売場所	大阪駅JR高速バスターミナルチケットセンター
予約	乗車日の1カ月前から（当日の予約も可）
問い合わせ	西日本ジェイアールバス予約センター ☎0570-00-2424

タクシー

電車や地下鉄、バスが主な交通手段の大阪だが、大きな荷物を持っていたり大人数で移動したりするときはタクシーの利用がおすすめ。遠く思える場所でも人数で割ると公共交通機関で移動するより意外と安く済むこともある。

- 大阪MKタクシー ☎06-7178-4441
- 近鉄タクシー ☎0570-06-9001
- 日交タクシー ☎0570-07-2525

メリット
- 3〜4人で利用すれば割安
- 移動時間の短縮になる

デメリット
- 少人数での利用の場合割高になる可能性がある
- 交通状況により遅れることがある

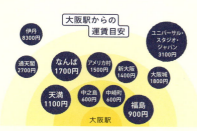

大阪駅からの運賃目安
- 伊丹 8300円
- ユニバーサル・スタジオ・ジャパン 3100円
- 通天閣 2700円
- なんば 1700円
- アメリカ村 1500円
- 新大阪 1400円
- 大阪城 1800円
- 天満 1100円
- 中之島 600円
- 中崎町 600円
- 福島 900円
- 大阪駅

※最も一般的な運賃目安。交通状況によって運賃の変動あり

ハレ旅 Info

まだある！大阪のスムーズな巡り方

電車やバスなどの公共交通機関だけではなく、環境にやさしくより手軽な交通手段もある。目的のエリアによって上手に組み合わせよう。

自転車で巡る

シェアサイクルは、自転車の貸出返却場所ならどこで借りても返却してもOKというシステム。移動手段として使うもよし、散策に使うもよし。

HELLO CYCLING

全国で利用できるシェアサイクル。1つのアカウントで4台まで借りられるため、グループでの利用も可能。

料金
30分130円〜（電動アシスト自転車）

レンタル方法
公式アプリをダウンロードして現在地付近の自転車を予約する

大阪バイクシェア

のんびりと街の音を感じながら移動できる電動アシスト自転車。鉄道各駅や観光地など大阪市内600以上のポートが利用可能。

料金
30分165円〜

レンタル方法
公式アプリをダウンロードして自転車を予約。30分利用や1日利用、月額利用などの料金プランも選択可能。アプリがなくてもWEBサイトから1日パスの購入ができる。

HUB Chari

公式サイトでは自転車での大阪観光のおすすめコースを紹介している。

料金
30分165円〜、1日パス1500円

レンタル方法
公式アプリをダウンロードして現在地付近の自転車を予約する。HUB Chari事務所とアメリカ村にて身分証明書と現金でレンタルも可能

LUUP

電動キックボードも取り扱いがあり、電動アシスト自転車と同金額で利用できる。歩くには少し遠い場所への移動に最適。

料金
ライド基本料金50円＋1分あたり15円

レンタル方法
公式アプリをダウンロードして車両の二次元コードを読み取りロックを解除する

水上バスで巡る

大阪水上バスアクアライナー

約55分で中之島や天満橋を巡る水上バス。船内ではドリンクやスナックを販売していて、ゆったりと観光ができる。

料金
2000円
☎06-6942-0555

予約方法
乗船予定日2カ月前の月初から公式サイトにて予約可能

ボートで巡る

水上さんぽガイドツアー－道頓堀コース－

道頓堀をボートで巡るガイドツアー。パドルを使った手こぎ体験もでき、旅の思い出になること間違いなし！

料金
平日4400円〜、土・日曜、祝日4950円〜
☎なし

予約方法
公式サイトから予約可能。14日前までの予約で早期割引適用

シェアサイクルなどの予約にはスマホが必要な場合が多い。モバイルバッテリーを持っておくと安心だ。

INDEX

📷 TOURISM

あべのハルカス	天王寺	104,138
あべのハルカス美術館	天王寺	138
アメリカ村	堀江	131
うめきたグリーンプレイス	梅田	12
うめきた公園	梅田	36
梅田スカイビル	梅田	100
戎橋	道頓堀	132
大阪王将 道頓堀本店	道頓堀	30
大阪ガスビルディング（ガスビル）	淀屋橋	128
大阪・関西万博会場	夢洲	8
大阪コリアタウン	鶴橋	140
大阪市中央公会堂	中之島	111
大阪市立東洋陶磁美術館	中之島	111
大阪城公園	大阪城	96
大阪城御座船	大阪城	96
大阪松竹座	道頓堀	115
大阪城天守閣	大阪城	95
大阪城豊國神社	大阪城	96
大阪市立科学館	中之島	12
大阪市立住まいのミュージアム 大阪くらしの今昔館	天神橋筋商店街	127
大阪市立美術館	天王寺	12
大阪水上バス アクアライナー	大阪城	108
大阪天満宮	天神橋筋商店街	127
大阪取引所	北浜	128
大阪中之島美術館	中之島	110
大阪府立中之島図書館	中之島	111
カールおじさん	道頓堀	30
海遊館	USJ	98
かに道楽 道頓堀本店	道頓堀	30
元祖廻る元禄寿司 道頓堀店	道頓堀	31
絹谷幸二天空美術館	梅田	101
グランフロント大阪	梅田	119
国立国際美術館	中之島	110
国立文楽劇場	なんば	115
堺市都市緑化センター	堺	146
堺市博物館	堺	146
さかい利晶の杜	堺	147
サンタマリア	USJ	109
新世界観光 人力車 俥天力	新世界	137
SKY GARDEN 300	天王寺	105
SPAWORLD HOTEL & RESORT	新世界	137
スマートボール ニュースター	新世界	136
住吉大社	住吉公園	13
創業昭和四年新世界元祖串かつ だるま道頓堀店	道頓堀	31
大仙公園	堺	146
大仙公園日本庭園	堺	146
太陽の塔	万博記念公園	143
通天閣	新世界	28,136
鶴橋商店街	鶴橋	140
適類	淀屋橋	129
てんしば	天王寺	139
天王寺動物園	天王寺	139
天保山マーケットプレイス	USJ	99

天満天神繁昌亭	天神橋筋商店街	114
道頓堀くくる コナモンミュージアム	道頓堀	31,132
道頓堀グリコサイン	道頓堀	30
動楽亭	新世界	114
ドン・キホーテ道頓堀店 道頓堀大観覧車「えびすタワー」	道頓堀	133
とんぼりリバークルーズ	道頓堀	30
中座くいだおれビル	道頓堀	31
中之島香雪美術館	中之島	110
なにわ	大阪城	12
なんばグランド花月	なんば	106
難波橋（ライオン橋）	北浜	128
難波八坂神社	なんば	135
仁徳天皇陵古墳（大仙古墳）	堺	146
ハルカス 300（展望台）	天王寺	104
万博記念公園	万博記念公園	142
HEP FIVE 観覧車	梅田	123
法善寺	なんば	135
箕面大滝（明治の森箕面国定公園）	箕面	144
箕面公園昆虫館	箕面	145
箕面山瀧安寺	箕面	145
ユニバーサル・スタジオ・ジャパン	USJ	16
よしもと漫才劇場	なんば	107
淀屋橋	淀屋橋	128
ロードトレイン	大阪城	97
和宗 総本山 四天王寺	天王寺	139

🍴 EAT

会津屋 なんばウォーク店	なんば	43
アネロスタンド	天満	62
あべのカツサンドパーラーロマン亭	天王寺	139
あべのたこやき やまちゃん 梅田 LUCUA 店	梅田	43
アラビヤコーヒー	なんば	135
Vin 樹亭	北新地	41
うさみ亭マツバヤ	堀江	33,50
宇治園 心斎橋本店	心斎橋	130
うまい麺	天満	42
UMEKITA FLOOR	梅田	60
UMEDA FOOD HALL	梅田	60
EST FOODHALL & Restaurants	梅田	61
王将倶楽部	新世界	49
欧風料理　重亭	なんば	56
大阪アメリカ村 甲賀流 本店	堀江	131
大阪泉佐野港 活鮨	梅田	59
大阪髙島屋	なんば	134
大阪割烹料理 空 堀江本店	堀江	58
おかる	なんば	38
お好み焼き だん	心斎橋	35
お好み焼き 宮生	北新地	35
お好み焼き ゆかり 富国生命ビル店	梅田	40
おでんとお酒 tōsui	中崎町	125

OPTIMUS cafe	北浜	75
御舟かもめ	天満橋	69
GARB MONAQUE	梅田	121
階段下の北欧喫茶店 LOMA	松屋町	72
Cacaotier Gokan 高麗橋本店	淀屋橋	129
ガスビル食堂	淀屋橋	129
カナリヤ	鶴橋	76
cafe Anamúne	心斎橋	77
cafe 太陽ノ塔 本店	中崎町	125
Cafe Tokiona	天神橋筋商店街	127
釜たけうどん 新梅田食道街店	梅田	51
韓国ダイニング 鶴橋ホルモン本舗	鶴橋	55
北浜レトロ	北浜	129
喫茶サンシャイン	梅田	121
喫茶ドレミ	新世界	70
旧ヤム邸 中之島洋館	中之島	53
ぎょうざの求買ちゃん	天満	63
串揚げキッチン だん	梅田	123
串カツしろたや 南海通り店	なんば	49
串かつの店 ヨネヤ 梅田本店	梅田	47
九志焼牛 本店	なんば	134
グリル 梵	新世界	33,56
くるみ餅かん袋	堺	147
高麗橋 吉兆	なんば	134
551HORAI 本店	なんば	33,135
珈琲館 ロックヴィラ	鶴橋	141
米と蜜	本町	73
Columbia8 北浜本店	北浜	52
THE CITY BAKERY	梅田	123
魚屋 十忠八九	福島	64
寄本ベーカリーカフェ 大阪初號本店	なんば	69
純喫茶 アメリカン	道頓堀	71
JO-TERRACE OSAKA	大阪城	97
食堂 PLUG	中崎町	124
食堂ベスカ	なんば	66
心斎橋 PARCCO	心斎橋	130
新世界 串カツ 小鉄 道頓堀店	道頓堀	133
炭焼笑店 陽 天満店	天満	63
住吉公園汐かけ横丁	住吉公園	13
smørrebrød KITCHEN nakanoshima	中之島	68
千成屋珈琲	新世界	137
千日前 はつせ	なんば	32,39
せんば自由軒	本町	57
創業昭和四年新世界元祖 串かつ だるま道頓堀店		31
創業昭和四年新世界元祖 串かつ だるまなんば店	道頓堀	47
蕎麦しゃぶ 総本家 浪花そば	なんば	134
DINING あじと	なんば	67
大丸心斎橋店	心斎橋	130
蛸之徹 KITTE大阪店	梅田	45
たこ八 道頓堀本店	道頓堀	133

たこ焼道楽 わなか 千日前店	なんば	43
蛸焼とおでん 友の	なんば	34
たこ焼きバル 徳次郎 本店	淀屋橋	45
TAKOPA	USJ	27
たこ家道頓堀くくる 道頓堀本店	道頓堀	44
TABLES Coffee Bakery & Diner	堀江	91
タリーズコーヒー	梅田	37
小さな韓国 あぷろ 03	梅田	122
玉屋 本店	天神橋筋商店街	44
千とせ べっかん	なんば	51
千とせ 本店	なんば	51
chano-ma 茶屋町	梅田	121
茶屋町あるこ	梅田	123
鉄板神社	梅田	122
デチョルはペゴパ	鶴橋	141
天神橋 中村屋	天神橋筋商店街	127
天ぷら大吉	梅田	122
ドッドジカフェ	鶴橋	141
道頓堀 今井 本店	道頓堀	50
道頓堀くくる 道頓堀本店	道頓堀	44
TORERO TAKEUCHI	梅田	123
二階の洋品店	福島	64
日本一の串かつ 横綱 通天閣店	新世界	34
ねこ焼き菓子のお店 TeaRoom ウリエル	中崎町	124
秤 sold by weight	鶴橋	73
はなだこ	梅田	32,42
花茶碗	堺	147
ババ・ガンプ・シュリンプ	USJ	27
はり重 グリル	道頓堀	133
バルチカ 03	梅田	122
バルレ	中崎町	77
阪神梅田本店 スナックパーク	梅田	61
阪神大食堂フードホール	梅田	61
BANDA	福島	65
Bumblebee	本町	53
BEER BELLY 天満	天満	62
Picco Latte	中崎町	125
平岡珈琲店	本町	71
FUN FUN	USJ	27
福太郎	なんば	134
豚中華 大阪焼売珍 千日前店	なんば	67
ぷれじでんと千房 南本店	心斎橋	40
フレンチ串揚げ BEIGNET 大阪・ウメシバ	梅田	48
北極星 心斎橋本店	心斎橋	57
北極 難波本店	梅田	135
ぽてちゅう本店* 道頓堀	道頓堀	39
本格焼肉はらみちゃん	鶴橋	54
ぽんしゅく 三徳六味 福島店	福島	65
MOUNT KITAHAMA	北浜	74
松葉総本店	梅田	47
ミライザ大阪城	大阪城	97

MOMI & TOY'S	USJ	27
MONDIAL KAFFEE 328 TUGBOAT	大正	75
八重勝	新世界	33,46
焼肉 白雲台 鶴橋駅前店	鶴橋	54
焼肉鶴橋牛一 本店	鶴橋	55
やきやき鉄板 ぼんくら家 千日前店	道頓堀	41
やさい串巻き なるとやAo	なんば	66
洋食あじと	なんば	59
RED LOBSTER	USJ	27
world tea labo	淀屋橋	129
わすれな草別邸 酒処すずめ	梅田	122

🛒 SHOPPING

あみだ池大黒本店	堀江	80
アルデ新大阪	新大阪	15
ittan 五條堂 京阪店	肥後橋	78
大阪駅前ビル	梅田	102
gardens umekita by kohnan	梅田	37
河幸本店 庄兵衛	日本橋	85
神宗 淀屋橋本店	淀屋橋	85
菊壽堂義信	北浜	81
KITTE 大阪	梅田	118
Guignol	中崎町	89
Cagi de rêves	松屋町	83
喜八洲総本舗 本店	十三	80
近鉄百貨店 あべのハルカス近鉄本店	天王寺	138
グラングリーン大阪	梅田	12,37
green pepe	中崎町	124
黒門市場	なんば	135
五感-GOKAN-北浜本館	北浜	82
COBATO STORE OSAKA	天満	79
Cobeni	箕面	145
駿 surugaya 南森町本店	南森町	81
心斎橋筋商店街	心斎橋	130
心斎橋 BIG STEP	心斎橋	131
70B OSAKA	堀江	90
大丸梅田店	梅田	92
崔おばさんのキムチ 鶴橋本店	鶴橋	85,140
千鳥屋宗家 大阪本店	本町	81
月化粧 なんば店	なんば	82
ディアモール大阪	梅田	103
dieci 天神橋	天神橋	88
出入橋きんつば屋	西梅田	80
天神橋筋商店街	天神橋筋商店街	126
天満市場 ぷららてんま	天神橋筋商店街	127
ドージマ地下センター	梅田	103
TOPO DE MINO	谷町六丁目	89
長崎堂 心斎橋本店	心斎橋	79
なにわ名物いちびり庵 道頓堀店	道頓堀	86
NU 茶屋町／ NU 茶屋町 PLUS	梅田	120
ハードロックカフェ ROCK SHOP	USJ	27

HERBIS PLAZA ／ PLAZA ENT	梅田	120
パティスリーモンシェール 堂島本店	北新地	82
hannoc	中崎町	78
はり重 道頓堀本店	道頓堀	85
阪急うめだ本店	梅田	92
阪急三番街	梅田	103
阪神梅田本店	梅田	92
BIOTOP OSAKA	堀江	90
久國紅仙堂	箕面	145
ヒルトンプラザ イースト／ ウエスト	梅田	120
HEP FIVE	梅田	120
BOM CAFE	鶴橋	140
ホワイティうめだ	梅田	103
三井ショッピングパーク ららぽーと EXPOCITY	万博記念公園	143
ミナモレ 道頓堀店	道頓堀	83
有隣堂	梅田	37
ユニバーサル・シティ ウォーク大阪	USJ	27
ユニバーサル・スタジオ・ストア ユニバーサル・シティウォーク大阪店	USJ	27
よしもとエンタメショップ 難波店	なんば	87
ヨドバシ大阪タワー	梅田	119
RACONTER 大阪	堀江	91
Little Osaka ユニバーサル・シティウォーク大阪店	USJ	86
LUCUA osaka	梅田	119

🏨 STAY

大阪ステーションホテル . オートグラフ コレクション	梅田	13
OMO7 大阪 by 星野リゾート	天王寺	112
オリエンタルホテル ユニバーサル・シティ	USJ	26
キャビー by ヒルトン大阪梅田	梅田	13
ザ シンギュラリ ホテル ＆ スカイスパット ユニバーサル・スタジオ・ジャパン	USJ	27
ザ パーク フロント ホテル アット ユニバーサル・スタジオ・ジャパン	USJ	27
W 大阪	心斎橋	113
ホテル近鉄ユニバーサル・シティ	USJ	26
ホテル京阪ユニバーサル・タワー	USJ	27
ホテル阪急 グランレスパイア大阪	梅田	13
ホテル ユニバーサル ポート	USJ	26
ホテル ユニバーサル ポート ヴィータ	USJ	26
和空 下寺町	天王寺	113

STAFF

編集制作
株式会社エディットプラス

取材・執筆
株式会社エディットプラス
（米田友海、芦田奈津美、大西桃世、西出まり絵）、津曲克彦（ぽんぽこ商事）、山下満子、香川けいこ

撮影
マツダナオキ、道海史佳、鈴木誠一、ハリー中西

写真協力
大阪府、関係各市町村観光課、関係諸施設、朝日新聞社、PIXTA、©(公財)大阪観光局

表紙デザイン　菅谷真理子（マルサンカク）

本文デザイン
今井千恵子、大田幸奈（Róndine）
砂川沙羅
西村デザイン製作所

表紙イラスト　大川久志　深川優

本文イラスト　ナカオテッペイ　細田すみか

地図制作　s-map

組版・印刷　大日本印刷株式会社

企画・編集　朝日新聞出版　生活・文化編集部

ハレ旅　大阪

2025年 3月30日　第1刷発行

編　著　朝日新聞出版

発行者　片桐圭子

発行所　朝日新聞出版
　　　　〒104-8011　東京都中央区築地5-3-2
　　　　（お問い合わせ）infojitsuyo@asahi.com

印刷所　大日本印刷株式会社

©2025 Asahi Shimbun Publications Inc.
Published in Japan by Asahi Shimbun Publications Inc.
ISBN 978-4-02-334781-2

定価はカバーに表示してあります。
落丁・乱丁の場合は弊社業務部（電話 03-5540-7800）へご連絡ください。
送料弊社負担にてお取り替えいたします。

本書および本書の付属物を無断で複写、複製（コピー）、引用することは著作権法上の例外を除き禁じられています。また代行業者等の第三者に依頼してスキャンやデジタル化することは、たとえ個人や家庭内の利用であっても一切認められておりません。

購入者限定 **FREE**

\ スマホやPCで！/
ハレ旅 大阪
電子版が無料！

① 「honto電子書籍リーダー」アプリをインストール

Android版 Playストア
iPhone/iPad版 AppStoreで
honto を検索

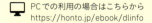
PCでの利用の場合はこちらから
https://honto.jp/ebook/dlinfo

右のQRコードからもアクセスできます

② 無料会員登録
インストールしたアプリのログイン画面から新規会員登録を行う

③ ブラウザからクーポンコード入力画面にアクセス
ブラウザを立ち上げ、下のURLを入力。電子書籍引き換えコード入力画面からクーポンコードを入力し、My本棚に登録

クーポンコード入力画面URL
https://honto.jp/sky

クーポンコード asa9034352619946
※2028年12月31日まで有効

右のQRコードからもクーポンコード入力画面にアクセスできます

④ アプリから電子書籍をダウンロード＆閲覧
①でインストールしたアプリの「ライブラリ」画面から目的の本をタップして電子書籍をダウンロードし、閲覧してください。
※ダウンロードの際には、各通信会社の通信料がかかります。ファイルサイズが大きいため、Wi-Fi環境でのダウンロードを推奨します。
※一部、電子版に掲載されていないコンテンツがあります。

ご不明な点、お問い合わせ先はこちら
hontoお客様センター
✉ shp@honto.jp
☎ 0120-29-1815
IP電話からは ☎ 03-6386-1622
※お問い合わせに正確にお答えするため、通話を録音させていただいております。予めご了承くださいさい。